앙트레프레너십 시대의
생활 속 회계

정도진·한형성·박인선·배수진·김진태

CAU 중앙대학교 출판부

앙트레프레너십 시대의
생활 속 회계

정도진·한형성·박인선·배수진·김진태

CAU 중앙대학교 출판부

머리말

　회계란 일상에서 일어나는 거래를 일정한 약속에 따라 화폐가치로 쉽게 표현함으로써, 효율적인 의사소통의 수단으로 사용되고 있습니다. 『앙트레프레너십 시대의 생활 속 회계』는 경영학이나 회계학의 전공여부와 무관하게 대학생 또는 새내기 직장인들이 일상적인 사회·경제활동에서 꼭 필요한 회계 및 재무지식을 담았습니다. 따라서 본서는 일반적인 회계원리의 교재들과 달리 회계정보의 작성자보다는 이용자 측면에서 회계정보를 어떻게 이해하고 경제적 의사결정에 활용할 수 있는지에 대해 설명하고 있습니다.

　또한, 회계정보가 실제 생활 속에서 어떻게 이용될 수 있는지 비전공자들도 쉽게 이해할 수 있도록 다양한 사례와 신문기사를 인용하였습니다. 본서에서 다루고 있는 '회계상식', '회계사례', '금융상식' 등을 읽다 보면 자연스럽게 회계정보를 이해하고 활용할 수 있는 능력이 배양될 것으로 기대합니다.

　『앙트레프레너십 시대의 생활 속 회계』는 대학교에서 교양과목의 강의교재로 사용할 수 있도록 총 3부 10장으로 구성되어 있으며, 각 장은 2시간의 수업 시간 동안 다루어질 수 있는 분량으로 정리하였습니다. 본서의 주요 내용은 다음과 같습니다. 제1부는 재무제표에 대한 전반적인 이해를 돕기 위하여 재무제표의 종류와 각 재무제표에 어떤 정보가 담겨져 있는지에 대해 설명하고 있습니다. 그리고 제2부와 제3부는 각각 기업의 투자활동을 나타내는 자산과 재무활동을 나타내는 부채 및 자본에 대해 다루고 있습니다.

　본서를 통하여 대학생 또는 직장인들이 보다 쉽게 회계 및 재무정보를 이해하고 활용할 수 있기를 기대합니다.

2021년 2월
대표집필 정도진

차례

제2부　기업의 투자활동

"창조적 파괴" 앙트레프레너십을 이야기하다!!

앙트레프레너, 경제강국의 비밀

EBS 다큐프라임 '앙트레프레너, 경제강국의 비밀'에서는 "부자나라는 어떻게 부자가 됐을까"라는 단순하면서도 중요한 질문에서 시작해 많은 시사점을 주고 있습니다. 대항해시대의 주역 네덜란드와 산업혁명으로 세계의 공장이 된 영국, 그리고 현재 최강국의 지위를 유지하고 있는 미국에 이르기까지 경제강국의 비밀은 혁신을 통해 새로운 가치를 창출하는

17세기 유럽의 작은 국가였던 네덜란드는 1602년 '동인도회사'라는 세계 최초의 유한책임주식회사를 만들어 경제강국이 됐고, 상업자본주의라는 새로운 환경을 만들었습니다. 당시 유럽 대부분의 나라들은 상류층과 몇몇의 거대 상인들이 장거리 해상무역을 독점하고 있었습니다. 그런데 네덜란드는 불특정 다수의 투자자들을 상대로 자본을 모았고, 그 이윤과 위험도 함께 나눴습니다. '동인도회사'라는 유한책임 주식회사를 통해서, 즉 상업자본주의를 접목해서 사회 전체를 부유하게 만들었습니다.

흔히 사람들은 증기기관을 만든 사람을 제임스 와트로만 알고 있는데, 실제로 와트가 증기기관을 개발할 수 있게 장을 마련하고 주도한 이는 매튜 볼턴이었습니다. 매튜 볼턴은 볼턴와트상회를 설립하여 와트가 개발한 증기기관을 상업화하였습니다. 볼턴과 와트라는 앙트레프레너가 개발한 증기기관이 산업혁명의 단초를 제공했습니다.

영국의 식민지에 불과했던 농업국가 미국은 독립 후 100년 만에 산업국가로 변모할 수 있었습니다. 미국 경제의 아버지라 불리우는 알렉산더 해밀턴은 여러 나라들로 분열될 수도 있었던 미국을 하나의 연방, 하나의 시장으로 통합될 수 있도록 기초를 다졌습니다. 그 발판 위에서 탄생한 수많은 앙트레프레너들이 모험과 혁신을 거듭하며 '아메리칸 시스템'이라 불리는 미국만의 독특한 경제구조를 만들어냈습니다.

출처: EBS 다큐프라임 "앙트레프레너, 경제강국의 비밀"

사람, 즉 앙트레프레너이었습니다. 인류의 발전과정에서 새로운 패러다임을 만들고 인류의 삶을 혁신적으로 바꾼 이들은 바로 앙트레프레너이었으며, 이러한 앙트레프레너가 많은 시대는 부유했고, 그 사회는 경제강국이 되었습니다.

'창조적 파괴'를 통해 실현되는 앙트레프레너십

우리가 살고 있는 경제사회에서 '보이지 않는 손'이라는 말을 한번 쯤은 들어봤을 것입니다. 애덤 스미스(Adam Smith)는 1776년 국부론을 통해 "보이지 않는 손"을 주장했습니다. 여러분들은 국부론에서 보이지 않는 손이라는 용어가 상당히 많이 나왔을 것이라고 생각하지만, 실제 보이지 않는 손이라는 단어는 단 한번만 나왔다는 것을 아는 사람은 많지 않습니다.

애덤 스미스는 이기심이 모여 보이지 않는 손이 나온다고 했습니다. 즉, 자기 이익을 추구하고자 하는 열정과 행위인 이기심이 사회 전체의 이익과 조화를 이루는 방향으로 나아가면, 이를 통해 국부의 증진과 생산력이 향상된다고 하였습니다. 따라서 보이지 않는 손이 자연스럽게 나타날 수 있도록 국가는 국방과 치안 등의 임무에만 치중하고, 국가의 간섭·통제·보호는 철폐되어야 한다고 하였습니다. 이와 같은 애덤 스미스의 주장은 경제적 자유주의의 사상에 기초가 되었습니다. 그러나 이와 같은 주장은 1920년대 세계 경제 대공황으로 큰 위협을 맞이하게 됩니다.

세계 경제 대공황은 1929년 10월 21일 월요일 뉴욕 월가의 주식거래소에서 주가 폭락이 시작되면서 시작이 되었습니다. 미국에서 시작된 주가 폭락으로 대다수의 기업과 은행은 파산하였으며, 이로 인하여 실업자도 급격하게 늘었습니다. 실업으로 인해 소비자들은 소비를 하지 않게 되고, 소비 감소는 기업의 판매 감소로 연결되어, 기업과 은행이 계속 파산하는 악순환이 계속되었습니다. 그리고 이와 같은 악순환은 미국에서 유럽으로 퍼지기 시작했으며, 금융업이나 공업뿐만 아니라 농업에 이르는 모든 산업에 영향을 미치게 되었습니다.

세계 경제 대공황으로 인해 애덤 스미스가 그동안 주장했던 경제적 자유주의는 비난을 받게 되었습니다. 그리고 경제 대공황에 대한 해결책을 제시하는 두 명의 위대한 경제학자가 나타나게 되는데, 이 두 명의 경제학자는 존 메이너드 케인즈(John Maynard Keynes)와 조지프 슘페터(Joseph Alois Schumpeter)입니다. 케인즈는 영국의 경제학자로 캠브리지대학의 교수였으며, 슘페터는 미국의 경제학자로 하버드대학의 교수였습니다.

영국의 경제학자인 케인즈는 세계 경제 대공황에 대한 해결책으로 정부의 시장 개입을 주장했습니다. 즉, 불황으로 기업이나 가계의 소비가 늘어나지 않고 있기 때문에 정부에서 빚을 내서라도 정부 지출을 늘려야 한다고 주장했습니다. 즉, 정부의 지출로 인해 기업은 생산을 하고자 할 것이며, 이를 위해 고용이 창출된다는 것입니다. 또한 고용이 창출되면 소비자는 고용을 통해 번 돈으로 소비를 하게 되어, 기업의 생산이 더욱 활성화된다는 것입니다. 미국의 루즈벨트 대통령이 경제 회복을 위해 1933년부터 1939년까지 추진한 '뉴딜정책'은 케인즈가 주장한 정부의 역할(공공지출)의 대표적인 방법으로 볼 수 있습니다.

이러한 케인즈의 관점과는 다르게 슘페터는 경제 대공황의 원인을 혁신 없는 초과공급이 문제라는 시각을 가지고 있었습니다. 즉, 한 기업이 혁신을 통해 큰 이익을 창출하면 다른 기업도 이익을 얻기 위해 사업에 뛰어들게 되며, 이로 인하여 경쟁이 과열되서 경제가 침체된다는 것입니다. 따라서 이에 대한 해결책으로 기업은 경제 침체를 벗어나기 위해 다시 새로운 혁신을 창출해야 한다고 주장하였습니다. 이와 같은 주장이 바로 "창조적 파괴"입니다.

1930년대 슘페터의 "창조적 파괴"는 케인즈의 주장에 가려져 많은 관심을 받지 못하였습니다. 그러나 1980년대 정부중심의 경제성장이 한계에 도달하면서 슘페터가 주장하였던 혁신, 즉 창조적 파괴에 많은 사람들이 관심을 가지게 됩니다.

여러분들이 살아가고 있는 지금 현재는 창조적 파괴를 통해 지속적으로 발전해 왔습니다. 앙트레프레너십에 대한 논의가 슘페터에 의해 이루어지기는 했지만, 앙트레프레너십은 과거의 역사 속에서 계속 존재해 왔습니다. 결국, 앙트레프레너십은 역사적 발전과정에서 새롭게 나타난 것이 아니라, 앙트레프레너십을 통해 역사적 발전이 이루어졌다고 볼 수 있을 것입니다.

앙트레프레너십에서 이야기하는 창조적 파괴는 무조건적인 파괴를 의미하는 것이 아닌 새로운 창조를 위한 파괴를 의미합니다. 즉, 기존의 질서를 무너뜨리고 새로운 가치를 만드는 창조적 파괴자들을 앙트레프레너라고 할 수 있습니다. 그리고 우리 사회는 이러한 앙트레프레너들의 창조적 파괴를 통해 발전해 왔습니다. 우리가 소위 말하는 선진국이 역사적으로 앙트레프레너가 많았다는 것을 보면, 앙트레프레너십을 통해 국가가 발전해 왔다고 볼 수 있습니다.

구체적으로 석기시대에는 수렵과 어로를 통해 생활하였지만, 한 곳에 정착을 하기 시작하면서 농경사회로 변화하게 되었습니다. 수렵 및 어로에서 농경사회로 변화하면서 인간은 보다 풍족한 생활을 하게 되었습니다. 또한 18세기 산업혁명을 통해 기존의 농경사회가 레코드 산업은 카세트테이프로 교체됐고 카세트테이프는 CD가 나타나면서 사라졌습니다. 이제는 CD도 디지털음악으로 대체되었습니다. 이것이 바로 창조적 파괴이고, 창조적 파괴를 행하는 사람을 앙트레프레너라고 합니다. 앙트레프레너인 에디슨은 전구를 발명함으로 전통적인 생활양식을 무너뜨렸습니다. 대신 에디슨의 발명으로 밤에 일하는 사람들이 늘었고, 밤에도 문을 여는 식당과 극장들이 생기며 도시의 생활양식이 바뀌게 되었습니다. 헨리 포드가 컨베이어벨트를 이용해 자동차의 대량생산을 실현시키게 되면서 자동차도로가 만들어졌고, 그 과정에서 수많은 일자리가 만들어졌습니다. 그리고 자동차도로 주변으로 주유소와 쇼핑센터들이 생겨났고, 도시 주변지역들이 발달하기 시작했습니다. 또 자동차시대가 열리면서 자동차보험 등 새로운 금융상품이 만들어졌고, 관련 산업들이 생겨났습니다. 앙트레프레너들은 혁신을 통해서 새로운 패러다임을 만들고 인류의 삶을 변화시키고 사회를 부유하게 만들고 있습니다.

출처: EBS 다큐프라임 "앙트레프레너, 경제강국의 비밀"

공업사회로 변화한 것도 창조적 파괴로 시작된 것입니다.

앙트레프레너십을 한국에서는 흔히 '기업가정신'으로 번역합니다. 그런데 여기서 주의할 점은 '기업가정신'에서 기업은 영리를 목적으로 경제 활동을 하는 조직체인 기업(企業)을 말하는 것이 아니라, 새로운 사업을 일으킨다는 의미로서의 기업(起業), 즉 창업(創業)의 의미로 이해해야 한다는 것입니다. 또한 앙트레프레너십은 무조건 새로운 것을 창조하는 것을 의미하는 것은 아닙니다. 새로운 것을 창조하는 것뿐만 아니라 기존의 가치를 발전시키거나 새로운 것이 창조될 수 있는 여건을 조성하는 것 또한 앙트레프레너십이라고 할 수 있습니다. 가령 프랑스 발명가인 드니 파팽(Denis Papin)이 발명한 증기기관을 개선한 제임스 와트(James Watt)와 제임스 와트가 증기기관을 실용화할 수 있도록 자본을 투자한 매슈 볼턴(Matthew Boulton)은 앙트레프레너입니다. 또한 새로운 제강법을 통해 강철을 대량생산할 수 있는 환경을 조성한 헨리 베서머(Henry Bessemer), 앤드류 카네기(Andrew Carnegie)와 자동차를 대량생산할 수 있는 여건을 조성한 헨리 포드(Henry Ford) 또한 앙트레프레너로 볼 수 있습니다.

앙트레프레너가 기업 경영인만을 의미하는 것은 아닙니다. 미국 달러화 인물 중 대통령이 아닌 정치인인 알렉산더 해밀턴(Alexander Hamilton)과 벤저민 프랭클린(Benjamin Franklin)도 앙트레프레너로 볼 수 있습니다. 또한 한글을 창제하여 백성들에게 배움의 기회를 제공한 세종대왕 또한 앙트레프레너입니다.

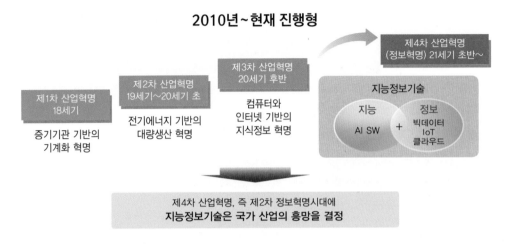

출처: 디지털 데일리(2016. 3. 17)

21세기에는 앙트레프레너들에 의해서 산업이 급격하게 변화하고 있습니다. 이전의 증기기관 기반의 기계화로 인한 제1차 산업혁명, 전기 에너지 기반의 대량생산으로 인한 제2차 산업혁명, 컴퓨터와 인터넷 기반의 제3차 산업혁명이 지금까지의 산업사회를 급격히 변화시켰다면, 지능과 정보가 결합된 지능정보기술에 의한 4차 산업혁명은 이미 진행되고 있습니다. 4차 산업혁명시대에서는 생산성 혁신은 물론 더 많은 물건을, 더 적은 인력으로, 더 빨리 만들어낼 수 있고, 소비자는 큰 혜택을 볼 수 있습니다. 역사가 말해주듯이 4차 산업혁명은 수많은 앙트레프레너들에 의해 이뤄질 것이고 경제강국과 개발도상국과의 부의 격차는 갈수록 더욱 커질 것입니다. 따라서 우리가 4차 산업혁명시대에서 경제강국으로 가기 위해서는 국가적으로 앙트레프레너의 혁신을 지원할 수 있는 제도와 사회적 환경을 우선적으로 제공해야 합니다.

앙트레프레너를 육성하기 위해서는 어떻게 해야 할까?

앙트레프레너는 창조적 파괴를 통한 혁신을 가져오며, 이러한 혁신은 국가와 국민의 이익에 도움을 줍니다. 이러한 앙트레프레너가 많아지기 위해서는 이에 맞는 환경이 조성되어야 합니다. 이러한 환경은 창의적 교육환경, 혁신에 대한 공정한 기회의 제공, 혁신에 대한 대가 보장 등을 통해서 조성될 수 있습니다.

창의적 교육환경

우리는 어떠한 문제가 발생하면 그 문제점에 대하여 얼마나 빠르고 정확하게 해결할 수 있는지에 초점을 두고 있을 뿐, 문제해결에 대한 과정에는 관심을 가지고 있지 않습니다. 앙트레프레너는 기존의 질서와 사고에 대한 의심을 통해 새로운 질서와 사고를 창조합니다. 그리고 새로운 질서와 사고를 통해 기존의 질서와 사고를 파괴하여 사회를 발전시킵니다. 따라서 앙트레프레너를 육성하기 위해서는 기존의 질서와 사고에 대한 의심을 가질 수 있도록 문제해결에 대한 과정에 보다 많은 관심을 가져야 합니다. 따라서 앙트레프레너를 육성하기 위해서는 창의적인 교육이 이루어져야 할 것입니다.

이와 같은 창의적 교육은 교육기관이나 기업뿐만 아니라 모임을 통해서도 이루어질 수 있습니다. 1700년대 영국의 기업가, 철학자, 지식인들이 정기적으로 보름달이 뜰 때마다 만남을 가진 루나 소사이어티(Lunar Society)가 이러한 창의적 교육을 위한 모임으로 볼 수 있습니다.

혁신에 대한 공정한 기회의 제공

앙트레프레너를 육성하기 위해서는 혁신에 대한 공정한 기회가 제공되어야 할 것입니다. 만약 특정인에게만 기회가 제공된다면 앙트레프레너가 될 가능성이 있는 인재는 능력을 발휘하지 못할 것입니다. 따라서 혁신에 대한 공정한 기회는 모든 사람들에게 동일하게 제공되어야 할 것입니다.

이와 같은 공정한 기회는 자금을 조달하는 금융시스템을 의미합니다. 앙트레프레너가 혁신적 가치를 만들고, 이러한 혁신적 가치를 실현하기 위해서는 어느 정도 자금이 필요합니다. 따라서 이와 같은 자금을 효율적으로 조달할 수 있는 금융시스템이 존재해야 합니다. 자금 조달에 대한 금융시스템이 혁신이 아닌 기존의 가치에 계속 투입된다면, 앙트레프레너에 의한 창조적 파괴를 기대하기는 어려울 것입니다.

자금을 조달하는 금융시스템 이외에 좋은 정부의 역할도 필요합니다. 앙트레프레너는 수많은 실패를 통해 새로운 가치를 창출합니다. 따라서 정부는 수많은 실패 속에서 다시 일어나 혁신적인 가치를 창출할 수 있는 환경을 조성해야 할 것입니다. 다만, 실패에 대한 인정이 너무 관대한 경우 도덕적 해이의 문제가 발생될 수 있기 때문에 도덕적 해이의 문제를 고려한 실패에 대한 관대함이 이루어질 수 있는 효과적인 정부의 역할이 필요합니다.

혁신에 대한 대가 보장

혁신에 대한 대가가 자신에게 돌아오는 것이 아니라 다른 사람에게 돌아간다면, 그 누구도 혁신을 추구하고자 하지 않을 것입니다. 따라서 앙트레프레너를 육성하기 위해서는 혁신에 대한 대가가 보장되어야 합니다. 혁신에 대하여 대가를 가장 쉽게 보장할 수 있는 방법은 지식재산권을 보장하는 것입니다. 지식재산권은 인간이 창조적 활동 또는 경험 등을 통해 창출하거나 발견한 지식, 정보, 기술이나 표현 등에 대한 재산상 권리를 말합니다. 즉, 앙트레프레너에 의해 창조된 새로운 기술이나 가치는 지식재산권에 의해 보장을 받고, 이러한 지식재산권을 행사함으로써 대가를 보장받을 수 있습니다.

그러나 이와 같은 지식재산권의 보장이 새로운 창조를 방해하기도 합니다. 즉, 새로운 기술이나 가치는 기존에 존재하는 기술이나 가치를 통해서 창조되는데, 기존의 기술이나 가치의 사용이 지식재산권에 의해 제한된다면 창조는 더 이상 이루어지지 않을 가능성이 높습니다. 따라서 지식재산권에 대한 보장은 새로운 창조를 위해 제한되어야 한다는 주장도 많습니다. 다만, 이러한 지식재산권 보장의 제한이 기존의 앙트레프레너의 대가를 침해해서는 안 될 것입니다.

▌창조적 아이디어의 비즈니스 모델링과 회계정보의 역할

비즈니스 모델은 고객이 요구하는 제품을 제공하기 위하여 제품화 과정을 도시하고 상호작용을 표현한 것

"아이디어 및 기술과 경제적 성과를 연결하는 체계(Framework)"
– 헨리 체스브로

"조직이 가치를 창출하고, 전달하고, 획득하는 방식을 논리적으로 정리한 것"
– 알렉산더 오스왈드 & 이브스 피그뉴어

"비즈니스를 전개하기 위해 필수 구성요소들을 모아놓고 상호관계를 모델화시켜 놓은 것"
"고객 문제와 기업 제안을 정합시키기 위한 상호작용을 표현한 것"

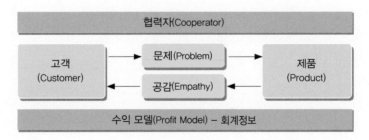

여러분들이 창조적 파괴를 하기 위해서는 어떻게 해야 할까요? 이에 대한 답을 손쉽게 내리는 것은 상당한 어려움이 있습니다. 다만, 여러분들은 창조적 파괴를 위해 효율적인 의사결정을 해야 할 것입니다. 만약, 어떠한 신기술을 개발하기 위해 150원의 비용이 들고 그 신기술을 통해 얻을 수 있는 이익이 100원으로 기대된다면, 이와 같은 신기술 개발은 타당성이 있다고 볼 수 없습니다. 따라서 여러분들은 회계정보를 이용하여 효율적 의사결정을 해야 합니다.

오늘날의 자본시장에서 효율적 의사결정에 가장 유용한 정보를 제공하는 것이 기업의 회계정보입니다. 즉, 기업의 회계정보를 통해 자본시장의 이해관계자들은 합리적인 의사결정을 할 수 있습니다. 또한 이와 같은 이해관계자들의 합리적 의사결정으로 사회적 이익은 극대화될 수 있습니다.

이와 같은 관점에서 본 교재는 앙트레프레너십 시대를 살아가는 여러분들에게 생활 속의 회계정보를 이야기하고자 합니다. 본 교재를 통해 회계정보를 이해하고, 이를 통해 앙트레프레너십 시대를 살아가는 여러분들이 합리적 의사결정을 하기를 바랍니다.

재무제표의 이해

제1부의 학습목표는 재무제표에 대해 전반적으로 이해함에 있습니다.

이러한 학습목표를 달성하기 위해 제1장부터 제4장까지 다음에 대해 학습하겠습니다.

제1장에서는 일상생활 속에서 회계정보가 어떻게 작성되어 활용될 수 있는지를 알아보겠습니다.

제2장에서는 재무제표에 담겨져 있는 회계정보를 알아보겠습니다.

제3장에서는 재무제표를 그 구성요소로 구분하여 의미를 알아보겠습니다.

제4장에서는 기업의 경영성과를 어떻게 평가하는지 알아보겠습니다.

제 1 장

생활 속의 상황을 회계로
이야기해 볼까?

제1장의 학습목표는 일상생활 속에서 회계정보가 어떻게 작성되고 어떻게 활용되는지를 이해함에 있습니다.

이러한 학습목표를 달성하기 위해 다음의 내용을 학습하겠습니다.

첫째, 자산의 구입과 자금의 조달을 재무상태표로 나타내고, 자산, 부채, 자본의 의미를 알아보겠습니다.

둘째, 영업활동을 통한 수익과 비용을 손익계산서로 나타내고, 손익계산서상 이익과 재무상태표의 자본 간 상호관계를 알아보겠습니다.

셋째, 기업의 경영활동을 구분하고, 각 경영활동이 회계정보에 어떻게 표시되는지 알아보겠습니다.

개인의 재산상황을 회계로 이야기해 보자

제1부

　요즘 대학교마다 학생들로 구성된 홍보대사들의 활동이 매우 활발하고, 학교에서의 인기도 유명 연예인만큼 대단합니다. 아래 그림의 복장은 새내기홍보대사로 활약하고 있는 하윤진 양의 평상복 패션입니다. 그림에서 보는 바와 같이 반팔티셔츠는 39,000원, 청바지는 178,000원, 운동화는 135,000원에 구입한 것으로 추정됩니다. 이처럼 여러분은 누구든지 일상생활 속에서 사용하고 있는 물건을 화폐가치로 쉽게 표현할 수 있습니다.

반팔티셔츠 39,000원

청바지 178,000원

운동화 135,000원

　자, 이제 대학 신입생인 새내기가 하윤진 양의 평상복 따라 하기를 계획하고 있다고 가정해 보겠습니다. 다음 표는 새내기가 하윤진 양의 평상복 패션을 따라 할 때 표현하는 세 가지 방법을 나타낸 것입니다.

　첫 번째 방법은 반팔티셔츠 1벌, 청바지 1벌, 운동화 1켤레가 필요하다는 것을 물건의 종류와 수량으로 표현하는 방법입니다. 두 번째 방법은 이들을 구입하기 위해 필요한 돈에 관한 정보를 추가해서 각각 39,000원과 178,000원 및 135,000원이 소요된다는 구입가격 정보가 포함된 표현 방법입니다. 세 번째 방법은 그 돈을 어떻게 조달할지에 대한 자금조달 방법에 관한 정보도 추가된 표현 방법입니다.

1. 물건의 종류와 수량	2. 종류와 수량+구입가격	3. 종류와 구입가격+자금조달원천	
반팔티셔츠 1벌 청바지 1벌 운동화 1켤레	반팔티셔츠 1벌 39,000원 청바지 1벌 178,000원 운동화 1켤레 135,000원	반팔티셔츠 39,000원 청바지 178,000원 운동화 135,000원	빌린 돈 200,000원 내 돈 152,000원

특히, 세 번째의 물건 종류와 구입가격 및 자금조달 정보가 포함된 표현 방법의 경우, 새내기는 자기 돈 152,000원과 친구에게 빌린 돈 200,000원을 가지고, 39,000원의 반팔티셔츠, 178,000원의 청바지, 그리고 135,000원의 운동화를 구입한 것을 알 수 있습니다. 이렇게 새내기의 새내기홍보대사 하윤진 양 평상복 따라잡기는 새내기가 어떻게 돈을 조달해서 어떤 물건을 얼마에 구입하였는지 길게 말할 필요 없이 세 번째 방법으로 간단히 표현될 수 있습니다.

회계에서는 세 번째 방법을 아래와 같이 T계정으로 더욱 간단히 표현하고 있습니다. T계정의 오른쪽은 새내기가 어떻게 돈을 조달하였는지를 나타내고, 왼쪽은 조달된 돈으로 무엇을 얼마에 구입하였는지를 나타내 주고 있습니다. 회계에서는 T계정의 왼쪽을 '차변', 오른쪽을 '대변'이라고 부르고 있습니다. 이러한 표현 양식은 15세기 베니스 상인들 간에 이루어진 이후 오늘날까지 계속되고 있습니다. 회계는 이와 같이 일상에서 일어나는 거래를 일정한 약속에 따라 화폐가치로 쉽게 표현함으로써, 효율적인 의사소통의 중요한 수단으로 사용되고 있습니다.

도표 1-1   새내기홍보대사 하윤진 양 평상복 따라잡기 : T계정 표현

만약 내가 구매한 전자제품의 제조회사가 파산을 하게 된다면, 여러분들은 그 회사의 전자제품을 구매할까요? 제조회사가 파산을 하게 되면, 이후에는 적절한 A/S를 받지 못하게 되기 때문에 파산할 가능성이 높은 기업이 만든 제품은 구매하지 않으려고 할 것입니다. 내가 기부한 기부금이 또는 우리 가족이 살고 있는 아파트 관리비가 투명하지 않게 사용되고 있다면, 여러분들의 기분은 어떨까요? 더 이상 기부를 하지 않으려 할 것이고, 아파트 관리비를 부담하고 싶지 않을 것입니다.

이처럼 우리는 일상생활 속에서 다양한 의사결정을 하게 되고, 이러한 의사결정을 하는 데 있어 회계정보를 참고하게 됩니다. 또한 이와 같은 회계정보는 여러분들이 쉽게 찾아볼 수 있도록 다양한 형태로도 제공되고 있습니다. 우리의 일상생활 속에 얼마나 다양한 회계정보가 있는지 다음 사례를 참고해 봅시다.

모뉴엘은 국내 로봇청소기 시장 점유율 1위 업체로서 2014년 4월부터 12월까지 4만대 이상의 로봇청소기를 판매해 왔으나, 파산선고 이후 제품판매 광고에서 약속했던 무상 A/S가 중단돼 다수의 소비자에게 회복할 수 없는 손해를 발생시켰다. 특히 관련 법령상 제조자와 판매자에게 제품의 품질보증책임이 인정되지만, 모뉴엘의 파산선고 이후 모뉴엘의 무상 A/S는 중단되고 판매자 중 일부는 품질보증책임의 이행을 회피해 상당한 소비자 피해가 발생했다. 또한 A/S를 제공하고 있는 에스지정보통신에서는 품질보증기간 이내인 경우에도 모두 유상으로 처리되고 있는 실정이다(여성소비자신문 기사 편집).

빈곤 아동과 청소년을 돕는 캠페인을 벌이며 이들의 든든한 후원자로 알려졌던 복지시설 대표, 하지만 그 이면에 숨겨진 민낯이 드러나 결국 실형을 선고받는 사건이 있었다. A(49)씨는 대전 유성구에 빈곤 아동, 청소년 지원사업 등을 목적으로 사단법인을 만든다. A씨는 이 사단법인 명의로 2016년 1월부터 2019년 5월까지 전국의 초·중·고등학교 학생들을 상대로 '사랑의 동전' 모으기 캠페인을 전개하면서 결식아동과 장애아동에 대한 기부금 명목으로 기부금품을 모집했다. 약 3년 4개월 동안 전국 각지에서 A씨의 취지에 동감한 많은 단체와 사람들이 1억 3천여만 원의 정성을 모아줬다(KBS 뉴스 편집).

국토교통부는 아파트 관리비와 입찰정보 등 공동주택의 정보를 공개해 적정한 관리비를 책정하도록 하는 정책들을 시행 중이다. 구체적인 '공동주택 관리비 내역'은 공동주택관리 시스템(www.K-apt.go.kr)을 통해 알아볼 수 있다. 올해 1월, 행정자치부 선정 '국민에게 유용한 정보 10선'에 뽑힌 '공동주택 관리비 내역'은, 아파트 관리비 항목을 47개로 세분화해 공개한 데이터를 통해 본인의 공동주택의 관리비 정보뿐만 아닌, 주변 아파트 단지, 그리고 지역별 관리비 내역을 비교·평가해 볼 수 있다(정책브리핑 기사 편집).

재무상태표

새내기	20×1. 3. 2.		(단위 : 원)
자산	티셔츠 39,000원	차입금 200,000원	부채
	청바지 178,000원		
	운동화 135,000원	자본금 152,000원	자본
	<u>352,000</u>	<u>352,000</u>	

종류와 구입가격 및 자금조달원천

반팔티셔츠	39,000원	빌린 돈	200,000원
청바지	178,000원	내 돈	152,000원
운동화	135,000원		

〈도표 1-2〉의 왼쪽 그림은 위의 T계정을 재무상태표라는 일정한 양식을 이용하여 다시 정리한 것입니다. 재무상태표의 왼쪽은 T계정과 마찬가지로 새내기가 구입해서 20×1년 3월 2일 현재 보유하고 있는 티셔츠, 청바지, 운동화를 그 구입가격과 함께 자산의 한 항목으로 나타내고 있습니다. 여기서 자산이란 새내기가 보유하고 있는 것들을 의미합니다.

한편, 재무상태표의 오른쪽도 T계정과 마찬가지로 새내기가 어떻게 돈을 조달하였는지를 나타내 주고 있습니다. 구체적으로, 친구한테 빌린 돈은 차입금이란 이름으로 부채의 한 항목으로 표시되고, 새내기 자신의 돈은 자본금이란 이름으로 자본의 한 항목으로 표시되고 있습니다. 여기서 부채는 새내기가 친구한테 빌려서 갚아야 할 채무를 의미하고, 자본은 새내기 자신이 투자한 돈을 의미합니다.

이처럼 현재 보유하고 있는 자산과 이를 구입하기 위해 자금을 부채와 자본으로부터 어떻게 조달하였는지를 나타내 주는 표현 양식을 재무상태표라고 합니다. 이 재무상태표는 앞서 설명하였듯이, 왼쪽에는 보유하고 있는 자산들을 나타내 주고 있으며, 오른쪽에는 그러한 자산들을 구입하기 위해 어떻게 돈을 조달하였는지 부채와 자본으로 나타내 주고 있습니다. 그런데 모든 자산은 부채 아니면 자본을 통하여 조달된 자금으로 구입되기 때문에, 자산은 언제나 부채와 자본의 합과 동일합니다. 이를 회계등식이라고 하며, 재무상태표를 작성할 때는 언제나 회계등식이 성립되어야 합니다.

재무상태표

새내기　　　　　　　　　　　20×1. 3. 2.　　　　　　　　　　　(단위 : 원)

자산		부채	
티셔츠	39,000	차입금	200,000
청바지	178,000	자본	
운동화	135,000	자본금	152,000
	352,000		352,000

제2절 찻집운영 현황을 회계로 이야기해 보자

1. 사업계획과 재무상태표

우리는 친목모임 동아리에서도 회계를 활용하고 있습니다. 다음에서는 친목모임인 중앙산악회에서 회계를 어떻게 활용하는지 알아보겠습니다. 김선녀 양이 속한 친목모임인 중앙산악회는 회원 간의 친목을 돈독히 하고, 앞으로 있게 될 모임 행사에 필요한 자금을 마련할 방안은 없는지 토의하였습니다. 그러던 중 한 신입회원이 자신이 알고 있는 도봉산 입구의 한 식당에서 4월 9일과 10일, 2일 동안 찻집을 운영하는 방안을 제안하였습니다.

다른 회원들도 회원들 간에 더욱 가까워지는 계기도 되고, 필요한 자금도 마련할 수 있는 1석 2조의 기회가 될 수 있다고 모두 찬성하였습니다.

회계를 맡은 김선녀 양은 찻집을 운영하는 데 필요한 물품과 그 구입가격을 아래와 같이 노트에 적어 보았습니다.

> "물, 가스, 전기 등을 포함해서 식당을 2일 동안 빌려서 사용하기 위해 미리 내야 하는 임차료 300,000원, 커피기계를 구입하는 데 100,000원, 커피, 설탕, 프림 등 커피재료를 구입하는 데 20,000원, 판매할 다른 음료수를 구입하는 데에도 20,000원, 그리고 여유자금으로 60,000원이 필요"

김선녀 양은 위의 필요한 물품들과 구입가격을 회원들에게 보다 잘 설명할 수 있도록 아래와 같이 정리해 보았습니다.

도표 1-4 **찻집운영 계획서 : 필요 물품과 구입가격**

(단위 : 원)

필요 물품과 구입가격	
도봉식당 임차료	300,000
커 피 기 계	100,000
커 피 재 료	20,000
음 료	20,000
현 금	60,000

한편, 찻집운영에 필요한 자금 500,000원을 어떻게 마련할 것인지 고민하면서 다음과 같이 자금계획을 세워 보았습니다.

"우리 회원이 20명이니까 10,000원씩 모아서 200,000원을 마련하고, 나머지 300,000원은
친구에게 빌리자!"

김선녀 양은 자금조달에 대해서도 회원들에게 설명하기 위하여 다음과 같이 정리해 보
았습니다.

도표 1-5 찻집운영 계획서 : 자금조달 방법

(단위 : 원)

자금조달 방법	
회 원 회 비	200,000
친구에게 차입	300,000

* 참고 : 돈을 빌리는 것을 회계에서는 차입한다고 합니다.

이제 찻집을 운영하는 4월 9일에 찻집운영 계획서에 따라 자금이 조달되고 필요한 물품
이 구입되었다면, 우리가 앞에서 공부한 재무상태표를 이용하여 그 결과를 다음과 같이 간
단히 정리할 수 있습니다.

도표 1-6 재무상태표의 구성과 회계등식

재무상태표			
중앙산악회	20×1. 4. 9.		(단위 : 원)
자산		부채	
현 금	60,000	차입금	300,000
선급임차료	300,000		
원 재 료	20,000	자본	
상 품	20,000	자본금	200,000
기 계 장 치	100,000		
자산총계	500,000	부채와자본총계	500,000

앞의 재무상태표는 중앙산악회가 찻집을 운영하기 위하여 일정 시점(20×1년 4월 9일)을 기준으로 어떻게 자금을 조달하여 어떠한 자산들을 구입하여 보유하고 있는지를 나타내 줍니다. 먼저, 자금의 조달은 재무상태표의 오른쪽인 대변에 나타나는데, 중앙산악회의 회원이 아닌 친구로부터 빌린 돈 300,000원은 차입금이라는 계정과목의 이름으로 부채로 표시됩니다. 그리고 중앙산악회의 회원들이 모은 회비 200,000원은 자본금이라는 계정과목으로 자본으로 표시됩니다.

한편, 재무상태표의 왼쪽은 중앙산악회가 이렇게 모은 자금을 가지고 마련한 자산을 나타내 줍니다. 구체적으로, 현금은 조달한 500,000원 중 여유자금으로 가지고 있는 60,000원을 의미하고, 선급임차료는 식당을 빌리기 위해 먼저 지급한 300,000원입니다. 선급임차료는 눈에 보이는 재산은 아니지만, 2일 동안 중앙산악회가 식당을 사용할 수 있는 권리를 구입한 것이므로 자산에 속합니다. 커피를 만들어 판매하기 위한 재료와 판매용 음료는 각각 원재료와 상품으로 표시되고, 커피기계는 기계장치로 나타납니다. 그리고 앞에서 설명하였듯이, 중앙산악회의 20×1년 4월 9일 현재 재무상태표상 자산총계 500,000원은 부채와 자본총계 500,000원과 동일하여 회계등식을 이루고 있음을 확인할 수 있습니다.

예제 1-1 재무상태표의 이해

다음은 중앙음악학원의 20×1년 1월 1일 현재 재무상태표입니다. 주어진 자료를 이용하여 다음 각 물음에 답하시오.

재무상태표

중앙음악학원 20×1. 1. 1. (단위 : 원)

자산		부채	
현 금	1,000,000	차입금	?
전 세 금	3,000,000	자본	
피 아 노	?	자본금	2,000,000
자산총계	5,000,000	부채와자본총계	?

┃ 물음

1. 중앙음악학원이 20×1년 1월 1일 현재 보유하고 있는 피아노의 구입가격은 얼마입니까?

2. 중앙음악학원이 20×1년 1월 1일 현재 타인에게 갚아야 할 채무는 얼마입니까?

풀이

1. 자산은 재무상태표의 차변에 구입가격으로 기록됩니다. 중앙음악학원의 20×1년 1월 1일 현재 자산총계가 5,000,000원이고 피아노를 제외한 다른 자산들의 합이 4,000,000원이므로, 피아노의 구입가격은 1,000,000원입니다.

2. 재무상태표는 회계등식에 따라 자산총계가 언제나 부채와 자본의 합과 동일합니다. 중앙음악학원의 20×1년 1월 1일 현재 자산총계가 5,000,000원이므로 부채와 자본의 합도 5,000,000원이어야 합니다. 따라서 중앙음악학원이 20×1년 1월 1일 현재 타인에게 갚아 야 할 채무를 나타내는 차입금은 3,000,000원입니다.

2. 사업결산과 손익계산서

앞의 중앙산악회 사례에서 산악회의 회원들은 2일간의 찻집운영 기간 동안 사업이 어떻게 준비되었고, 어떻게 운영되었는지, 그 결과 돈은 얼마나 벌었는지 알고 싶어 합니다. 사업이 운영되는 기간 동안의 사업 내역을 화폐가치로, 즉 회계 양식을 활용하여 보고하기 때문에 해당 기간을 회계기간이라고 합니다.

2일간의 찻집운영을 성공리에 끝마치고 사용했던 커피기계는 자취하고 있는 김선녀 양에게 주고, 남은 커피재료와 음료는 주인 아주머니에게 드렸습니다. 4월 10일 저녁에 회계인 김선녀 양은 현금통에서 돈을 꺼내어 세어 보았습니다. 그 결과 1,000,000원의 현금을 확인하였습니다. 이렇게 셈을 해 보는 것을 결산이라고 합니다.

〈도표 1-7〉의 재무상태표는 2일간의 찻집운영 결과를 나타냅니다. 20×1년 4월 9일은 찻집운영을 시작한 날이고, 4월 10일은 마친 날입니다. 재무상태표는 자산과 부채 및 자본의 변동을 파악하기 위하여 두 시점 이상을 나타내는데, 일반적으로 1년을 단위로 해당 연도 말과 직전 연도 말을 나타내 줍니다.

중앙산악회의 20×1년 4월 10일 현재 재무상태표에서는 편의상 4월 9일을 기초, 4월 10일을 기말이라고 부르겠습니다.

재무상태표

중앙산악회 (단위 : 원)

	20×1. 4. 9.	20×1. 4. 10.		20×1. 4. 9.	20×1. 4. 10.
자산			부채		
현 금	60,000	1,000,000	차입금	300,000	300,000
선급임차료	300,000	–			
원 재 료	20,000	–	자본		
상 품	20,000	–	자본금	200,000	200,000
기 계 장 치	100,000	–			
자산총계	500,000	1,000,000	부채와자본총계	500,000	500,000

차이 500,000

중앙산악회의 20×1년 4월 10일 현재 재무상태표에서 기말자산은 앞에서 설명한 것처럼 현금 1,000,000원만이 남아 있습니다. 커피기계(기계장치)는 김선녀 양에게 주었고, 남은 커피재료(원재료)와 음료(상품)는 식당 주인 아주머니에게 드렸습니다. 또한, 식당을 빌리기 위해 미리 지급한 임차료는 임차기간인 2일이 지나가 더 이상 식당을 빌릴 수 있는 권리가 없어졌으므로, 역시 자산에서 소멸하게 됩니다. 따라서 중앙산악회의 기말자산은 현금 1,000,000원입니다.

반면에 중앙산악회의 차입금과 자본금은 기초와 다른 어떠한 변동도 없었으므로, 기말 차입금과 자본금은 기초와 동일합니다. 그런데 기초와 동일하게 기말 차입금과 자본금을 합치면 500,000원에 불과하여, 기말자산 1,000,000원과 차이가 나는데, 이는 회계등식에 어긋나는 것입니다. 이렇게 기말부채와 자본의 합이 기말자산과 차이가 나는 이유는 2일간의 찻집운영에서 벌어들인 이익을 고려하지 않았기 때문입니다.

즉, 2일간의 찻집운영에서 벌어들인 이익은 현금으로 유입되어 기말자산을 증가시킬 뿐만 아니라, 그 이익은 찻집을 운영한 중앙산악회 회원들의 몫이므로 기말자본도 증가시킵니다. 다만, 이익은 자본에 포함하되 회원들이 회비를 모아 투자한 자본금과 구분하기 위하여 이익잉여금이라는 계정과목으로 나타내 줍니다. 중앙산악회의 경우 회계등식에 따라 2일간의 찻집운영에서 벌어들인 이익은 500,000원이 됩니다.

$$기말자산 = 기말부채 + 기말자본$$
$$기말자산 = 기말부채 + (기초자본 + 이익)$$
$$1,000,000원 = 300,000원 + (200,000원 + 이익)$$
$$\therefore 이익 = 500,000원$$

이제 중앙산악회의 20×1년 4월 9일 기초 재무상태표와 4월 10일의 기말 재무상태표를 비교해 보면, 마지막 날인 4월 10일에는 찻집운영을 시작할 때와 비교해서 자산은 500,000원 증가했고 부채는 변동이 없으며, 산악회 몫인 자본은 500,000원 증가한 것을 알 수 있습니다.

도표 1-9 중앙산악회의 찻집운영 재무상태표 : 이익 반영 후

재무상태표

중앙산악회 (단위 : 원)

자산	20×1. 4. 9.	20×1. 4. 10.	부채	20×1. 4. 9.	20×1. 4. 10.
현　　금	60,000	1,000,000	차　입　금	300,000	300,000
선급임차료	300,000	–			
원　재　료	20,000	–	자본		
상　　품	20,000	–	자　본　금	200,000	200,000
기 계 장 치	100,000	–	이익잉여금	–	500,000
자산총계	500,000	1,000,000	부채와자본총계	500,000	1,000,000

그런데 한 회원이 이익 500,000원을 어떻게 벌었는지 구체적인 내역을 알고 싶다고 합니다. 이에 회계 김선녀 양은 커피와 음료를 팔 때마다 그 내용을 적어둔 장부를 뒤져서 다음과 같이 말해 주었습니다.

"커피와 음료 모두 한 잔에 2,000원씩 받았고, 총 500잔이 팔렸습니다. 그래서 총수익은 1,000,000원입니다. 그리고 우리가 지출한 비용은 식당 임차료 300,000원, 커피재료와 음료 구입비 40,000원, 커피기계 구입비 100,000원과 여유 자금으로 갖고 있던 현금 60,000원을 찻집운영에 참여한 회원들의 식사값으로 사용하였습니다. 따라서 총수익 1,000,000원에서 총비용 500,000원을 빼면 이익이 500,000원입니다."

김선녀 양은 위 회원뿐만 아니라 다른 회원들에게도 이번 찻집운영에 따른 성과를 보여 줄 필요가 있다고 판단하여 다음과 같이 손익계산서를 작성하였습니다.

도표 1-10 찻집운영 성과보고 : 손익계산서

	손익계산서	
중앙산악회	20×1. 4. 9.~4. 10.	(단위 : 원)
수익		1,000,000
비용		(500,000)
임　차　료	300,000	
커피재료 구입비	20,000	
음　료　구　입　비	20,000	
커피기계 구입비	100,000	
식　대　비	60,000	
이익		500,000

위의 손익계산서를 보면 일정한 기간 동안(4월 9일~4월 10일) 얼마짜리(비용 500,000원) 를 얼마(수익 1,000,000원)에 판매하여 이익(500,000원)이 얼마나 발생하였는지를 알 수 있습니다. 구체적으로, 중앙산악회의 찻집운영의 경우 20×1년 4월 9일부터 4월 10일까지 500잔의 커피와 음료를 각 2,000원에 판매하여 총 1,000,000원의 수익을 달성하였습니다. 또한, 각 잔의 비용은 총비용 500,000원(식당 임차료 300,000원, 커피재료와 음료 구입비 각 20,000원, 기계장치 구입비 100,000원, 식대비 60,000원)을 판매된 500잔으로 나누면 1,000원이 됩니다.

제3절 회계정보는 기업의 경영활동을 이야기해 준다

　기업들은 재무활동, 투자활동, 영업활동이라는 공통된 경영활동을 수행하고 있습니다. 간단히 말해, 기업은 재무활동을 통해 돈을 마련하고, 그 돈을 가지고 투자활동을 통해 영업에 필요한 물건 등을 마련합니다. 또한, 이렇게 준비된 물건 등을 이용해서 제품(제조기업)이나 상품(상기업) 또는 서비스(서비스기업)를 생산하여 고객에게 판매하고 그 대가로 돈을 받는 영업활동을 수행합니다.

　이제 이러한 기업의 재무활동과 투자활동 및 영업활동을 보다 구체적으로 살펴보고, 이러한 각각의 경영활동들이 어떻게 회계정보로 표시되어 의사결정의 수단으로 사용되는지 알아보겠습니다. 먼저, 기업이 경영활동을 수행하기 위해서 가장 먼저 해야 할 일은 돈(자금)을 마련하는 재무활동입니다. 앞의 중앙산악회의 찻집운영 사례에서 중앙산악회가 친구로부터 300,000원을 빌리고, 찻집운영에 사용하기 위하여 회원들로부터 200,000원의 회비를 모은 것이 기업의 입장에서는 재무활동을 수행한 것입니다.

　즉, 중앙산악회를 기업이라고 한다면, 찻집운영이라는 경영을 수행하기 위하여 친구로부터 300,000원을 차입하고, 찻집의 소유주인 회원들로부터 200,000원을 투자받은 것입니다. 이때 친구는 중앙산악회의 채권자가 되고, 중앙산악회 회원들은 찻집의 주주 또는 투자자가 됩니다. 그리고 이미 예상하셨겠지만, 이러한 기업들의 재무활동은 재무상태표의 오른쪽에 부채와 자본으로 나타나게 됩니다.

　한편, 기업은 조달된 자금을 이용하여 경영활동에 필요한 설비와 원자재 등을 구입하는 투자활동을 합니다. 중앙산악회의 찻집운영 사례를 통해 볼 때, 중앙산악회가 조달된 현금 500,000원 중 440,000원을 가지고 영업에 필요한 식당을 빌리고, 커피기계와 커피재료 및 음료를 마련한 일련의 활동이 기업 측면에서는 바로 투자활동을 수행한 것입니다. 따라서 기업의 투자활동은 재무상태표의 왼쪽에 자산으로 나타나게 됨을 알 수 있습니다.

도표 1-11　재무상태표와 경영활동(재무활동과 투자활동)

	재무상태표		
중앙산악회	20×1. 4. 9.		(단위 : 원)

투자활동	자산		재무활동	부채	
	현　　금	60,000		차입금	300,000
	선급임차료	300,000			
	원 재 료	20,000		자본	
	상　　품	20,000		자본금	200,000
	기 계 장 치	100,000			
	자산총계	500,000		부채와자본총계	500,000

마지막으로, 기업은 생산과 판매에 필요한 인력을 확보하여 투자활동을 통해 마련한 생산설비 및 원재료를 가지고 제품 또는 상품을 만들거나 서비스를 제공하여 돈을 버는 영업활동을 수행합니다. 중앙산악회의 찻집운영의 경우, 중앙산악회는 영업을 위해 준비한 식당과 커피기계, 커피재료, 음료를 이용하여 회원들이 고객에게 차와 음료를 제공하고 그 대가로 이익 500,000원을 번 일련의 활동이 기업의 측면에서 영업활동을 수행한 것입니다.

도표 1-12　손익계산서(영업활동)

	손익계산서	
중앙산악회	20×1. 4. 9.~4. 10.	(단위 : 원)

수익		1,000,000
비용		(500,000)
임　차　료	300,000	
커피재료 구입비	20,000	
음 료 구 입 비	20,000	
커피기계 구입비	100,000	
식　대　비	60,000	
이익		500,000

이러한 기업의 영업활동은 손익계산서의 수익과 비용, 그리고 그 차액이 이익(또는 손실)으로 나타나게 됩니다.

위의 중앙산악회의 재무상태표와 손익계산서를 이용하여, 중앙산악회를 기업으로 간주하고 찻집운영에 대한 경영활동을 요약하면 다음과 같습니다.

"중앙산악회는 20×1년 4월 9일에 채권자로부터 300,000원을 차입하고 주주로부터 200,000원을 투자받아(재무활동), 그 중 440,000원으로 찻집운영을 위해 필요한 자산을 구입하였다(투자활동). 그리고 4월 9일과 4월 10일의 2일간 찻집운영을 통해(영업활동), 500,000원의 이익을 창출하였다."

이렇게 회계정보는 일정한 약속에 따른 양식, 예를 들어 재무상태표와 손익계산서를 사용하여 기업의 경영활동을 효과적으로 요약·정리함으로써 상호 간에 길게 설명할 필요 없이 효율적으로 의사소통이 가능하게 하는 매우 중요한 정보입니다.

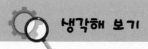 생각해 보기

01 현재 여러분이 지니고 있는 물건 중 세 가지를 얼마에 구입하였으며, 어떻게 돈을 마련하여 구입하였는지 재무상태표를 작성하시오.

02 지금 여러분이 친목을 목적으로 가입한 동아리에서 2일 동안 사업을 한다고 가정하고, 그 사업에 대한 사업계획을 재무상태표를 이용하여 수립하고, 예상되는 영업활동결과를 손익계산서로 표현하시오.

기업활동을 알려주는 재무제표 둘러보기

제 2장의 학습목표는 재무제표에 담겨져 있는 회계정보를 이해함에 있습니다.

이러한 학습목표를 달성하기 위해 다음의 내용을 학습하겠습니다.

첫째, 재무상태표의 의미와 자산, 부채, 자본에 대해 알아보겠습니다.
둘째, 손익계산서의 의미와 수익과 비용에 대해 알아보겠습니다.
셋째, 재무제표를 작성하는 일련의 절차와 작성원칙을 알아보겠습니다.

제1절 재무제표란?

회계의 주된 목적은 정보이용자들의 경제적 의사결정에 유용한 정보를 제공하는 것입니다. 이런 정보는 어떻게 만들어져 정보이용자들에게 전달되는 것일까요? 간략히 말하면, 경영활동들을 화폐단위로 측정하여 장부에 기록하고 이를 토대로 각종 재무보고서를 만들어 정보이용자들에게 전달하는데, 회계에서는 이를 회계정보의 산출이라고 합니다. 이처럼 회계정보의 산출 과정을 통하여 작성된 각종 보고서를 재무제표라고 합니다. 이 재무제표에는 기업을 속속들이 알아볼 수 있는 많은 내용들이 담겨 있습니다. 따라서 기업이 일정 기간마다 주기적으로 재무제표를 만들어 외부에 공개하면 정보이용자들은 재무제표를 보고 그 기업과 관련된 의사결정에 필요한 정보를 얻게 됩니다.

그런데 기업이 자신을 속속들이 알아볼 수 있는 재무제표를 만들어 주더라도 정보이용자들이 이것을 이해하지 못한다면 아무런 소용이 없을 것입니다. 따라서 현대사회에서 경제활동을 하는 그 누구라도 재무제표에 담겨 있는 내용을 이해할 수 있는 기본적인 지식을 습득하여야 합니다.

일반적으로 재무제표는 재무상태표, 손익계산서, 현금흐름표, 자본변동표, 주석으로 구성되어 있습니다. 재무상태표는 일정 시점에 있어서 기업의 재무상태에 관한 정보를 제공하고, 손익계산서는 일정 기간 동안 기업의 경영성과에 관한 정보를 제공합니다. 현금흐름표와 자본변동표는 각각 일정 기간 동안 기업의 현금흐름과 자본의 변동에 관한 정보를 제공합니다. 마지막으로, 주석은 위의 재무제표의 수치들에 대한 추가적인 설명을 나타내는 것입니다.

본 장에서는 재무상태표와 손익계산서를 작성자보다는 재무정보의 이용자 측면에서 그 속에 담겨 있는 정보의 내용과 의미를 이해하는 데에 보다 집중하도록 하겠습니다.

도표 2-1 재무제표의 종류

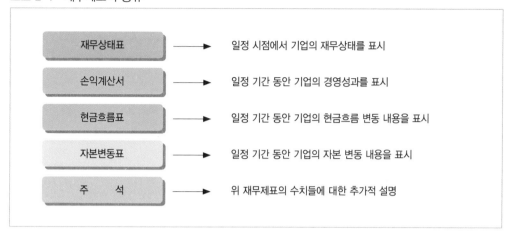

재무상태표	➡ 일정 시점에서 기업의 재무상태를 표시
손익계산서	➡ 일정 기간 동안 기업의 경영성과를 표시
현금흐름표	➡ 일정 기간 동안 기업의 현금흐름 변동 내용을 표시
자본변동표	➡ 일정 기간 동안 기업의 자본 변동 내용을 표시
주 석	➡ 위 재무제표의 수치들에 대한 추가적 설명

회계상식 국제회계기준의 도입

운동경기를 하는 데 있어 룰 없이 경기가 이루어지는 경우 정확한 승부를 확인할 수 없습니다. 이와 마찬가지로 재무제표가 일정한 기준 없이 작성된다면 기업의 정확한 상황을 판단할 수 없게 됩니다. 즉, 특정 기업의 과거와 현재를 비교할 수 없는 기간 간 비교가 불가능하며, 다른 기업과 비교할 수 없는 기업 간 비교도 불가능하게 됩니다. 또한 재무제표를 작성하는 기준이 존재하지 않는다면, 기업은 회계정보를 자기의 의도대로 제공할 가능성이 있습니다.

이처럼 기업이 왜곡된 의도대로 회계정보를 작성 · 제공하지 못하도록 재무제표에 대한 작성기준을 만들어 사용하는데, 이를 일반적으로 인정된 회계원칙(GAAP)이라고 합니다.

우리나라는 재무제표 작성기준으로 2011년부터 상장기업에 대해서 한국채택국제회계기준(K-IFRS)을 적용하고 있으며, 비상장기업에 대해서 한국채택국제회계기준 대신 일반기업회계기준을 사용할 수 있도록 하고 있습니다. 다만, 비상장기업이 한국채택국제회계기준을 적용하여 재무제표를 작성하는 것은 허용하고 있지만, 상장기업이 한국채택국제회계기준이 아닌 일반기업회계기준을 적용하여 재무제표를 작성하는 것은 허용되지 않습니다.

회계상식   회계정보는 어디서 찾을까요?

• 기업의 재무제표 : 금융감독원 전자공시시스템(dart.fss.or.kr)

• 공기업 · 준정부기관 · 기타공공기관 : 알리오(alio.go.kr)

• 기부금 단체(공익법인) : 공익법인 공시 및 공개시스템(hometax.go.kr)

• 지방공공기관 : 클린아이(cleaneye.go.kr)

제2절 얼마나 가지고 있나?-재무상태표

재무상태란 일정 시점에 있어서 기업의 재산상태를 말하며, 이에 관한 보고서를 재무상태표라고 합니다.

📈 회계상식 재산과 재무상태

재산? 여러분은 재산이란 단어의 개념을 정확히 알고 사용하십니까? 재산의 사전적 정의는 '개인이나 가정, 단체가 소유하는 재물' 또는 '경제적 가치가 있는 유형이나 무형의 온갖 것'입니다. 그러면 우리 집의 재산에는 어떤 것이 있을까요? 현금, 예금, 금반지, 자동차, 땅, 집 등일 것입니다. 이들은 금전적 가치가 있을 뿐만 아니라 일상생활에서 유용하게 사용할 수 있는 재물이므로 소중하게 관리합니다. 이와 같은 것들을 회계에서는 총칭하여 자산이라고 합니다.

그럼 내 재산은 '내 돈'만으로 만들었을까요? 아닐 것입니다. 살다보면 외상으로 또는 남에게 돈을 빌려 살 수도 있습니다. 이것은 모두 빚으로 장차 갚아야 할 경제적 의무입니다. 재산의 일부가 빚으로 마련되었기 때문에 빚도 일종의 재산입니다. 이러한 경제적 의무를 회계에서는 부채라고 합니다. 부채, 언젠가는 갚아야 합니다. 따라서 재산 중에서 부채를 뺀 나머지만 그 소유자의 실질적 재산으로 순재산입니다. 이와 같은 순재산을 회계에서는 자본이라고 합니다. 결국, 재산은 부채와 자본으로 이루어짐을 알 수 있습니다. 바로 회계에서 재산 대신 재무상태라는 표현을 사용하는 이유가 여기에 있습니다.

그럼 먼저 재무상태표의 모양과 내용에 대해 알아보겠습니다. 우리는 어떤 기업의 좋고 나쁨을 판단하기 위하여 흔히 "그 기업은 재산이 많은가요?"라고 물어봅니다. 하지만 이보다는 "그 기업이 무엇을 얼마나 가지고 있고 빚을 얼마만큼 지고 있는가요?"라고 물어봐야 그 기업의 '재무상태가 좋고 나쁨'을 정확히 알 수 있습니다. 바로 이와 같은 판단에 필요한 정보를 담고 있는 재무보고서가 재무상태표입니다. 재무상태표는 일정 시점에 있어서 기업

의 자산, 부채 및 자본에 관한 정보를 알려주기 위하여 작성되는 재무제표의 일종입니다. 따라서 재무상태표는 자산과 부채 및 자본으로 구성되어 있습니다.

〈도표 2-2〉는 인기그룹으로 한창 주가를 올리고 있는 '트와이스'와 'ITZY' 등이 소속해 있는 ㈜JYP엔터테인먼트의 재무상태표 사례입니다. 실제는 더 많은 내용을 담고 있지만 간략히 요약한 것입니다. 보다 구체적인 내용은 앞에서 설명한 금융감독원 전자공시시스템을 통해 ㈜JYP엔터테인먼트의 사업보고서와 감사보고서를 참고하기 바랍니다.

이 재무상태표를 보면 알 수 있듯이, 위에서 설명한 대로 크게 자산, 부채, 자본으로 구성되어 있습니다. 그리고 자산, 부채, 자본 아래에 나타난 항목들은 자산, 부채, 자본을 보다 세분화한 것입니다. 참고로, 재무상태표를 T계정의 형식을 이용하여 왼쪽에는 자산을 오른쪽에는 부채와 자본을 나타내고 있습니다.

도표 2-2 (주)JYP엔터테인먼트의 재무상태표(T-형식)

재무상태표

(주)JYP엔터테인먼트 (단위 : 백만원)

	2019. 12. 31.	2018. 12. 31.		2019. 12. 31.	2018. 12. 31.
자산			부채		
유 동 자 산	87,433	65,160	유 동 부 채	36,735	27,699
비유동자산	92,959	79,690	비 유 동 부 채	1,650	545
			부채총계	38,386	28,243
			자본		
			납 입 자 본	85,962	82,888
			이 익 잉 여 금	67,287	43,565
			기타자본요소	−11,243	−9,846
			자본총계	142,007	116,606
자산총계	180,392	144,850	부채와자본총계	180,392	144,850

이제 자산, 부채, 자본 각각에 대해 알아보겠습니다. 먼저, 자산이란 일정 시점에 기업이 가지고 있는 재화나 권리 등 여러 가지 경제적 자원을 말합니다. 예를 들면, 현금, 판매할 물건, 토지, 건물, 사무기기 등이 자산입니다. 기업은 왜 이러한 자산을 보유할까요? 기업

의 궁극적인 설립목적은 이윤추구입니다. 이미 여러분도 알고 있듯이, 돈을 벌기 위해서는 먼저 투자를 하여야 합니다. 투자의 결과로 나타나는 것이 자산입니다. 기업이 자산을 보유하는 이유는 돈을 버는 데 이용할 자원을 마련하는 것이므로 기업이 장차 돈을 버는 데 기여할 수 있는 자원만을 자산이라고 합니다. 그러므로 어떤 기업의 자산이 많다는 것은 그 기업이 돈을 버는 데 사용할 수 있는 자원이 많다는 뜻입니다. 더 나아가 돈을 많이 벌 수 있는 잠재력이 있다는 의미입니다. ㈜JYP엔터테인먼트의 재무상태표를 보면, 자산이 2018년 말에 1,448억원이었는데, 2019년 말에는 1,803억원으로 1년 만에 355억원이 증가하였습니다.

자산은 현금화되는 유동성 정도에 따라 유동자산과 비유동자산으로 구분됩니다. 일반적으로 유동자산은 1년 이내에 판매 등 처분을 통해 현금화될 수 있는 자산을 의미하고, 그 이외의 자산은 비유동자산이라고 합니다. ㈜JYP엔터테인먼트의 경우, 2018년 말 총자산 1,448억원 중 유동자산과 비유동자산은 각각 651억원과 796억원으로 그 비중이 45% 대 55%입니다. 반면에 2019년 말 총자산 1,803억원 중 유동자산과 비유동자산은 각각 874억원과 929억원으로 그 비중이 48% 대 52% 수준입니다. 따라서 2019년 말 총자산은 2019년 말보다 355억원이 증가하였으며, 총자산 중 유동자산의 비중은 3% 증가하였음을 알 수 있습니다.

회계상식 | **현금의 보유도 투자인가?**

투자의 결과로 나타나는 것이 자산이라고 설명을 했습니다. 그렇다면, 기업이 현금을 보유하고 있는 것도 투자로 볼 수 있을까요? 경제가 불황인 상황에서 기업이 이윤추구를 위해서 무리한 투자를 하는 것은 옳지 못한 결정일 수 있습니다. 따라서 경기상황을 고려할 때 적절한 투자처가 없을 경우 기업은 현금을 보유하는 것이 손실을 최소화하는 방법일 수 있습니다.

또한 투자결과에 대한 이윤은 기업마다 차이가 있습니다. 즉, 100억을 투자하였다고 하더라도 어떤 기업은 1억의 이윤을 얻을 수 있는 반면 어떤 기업은 10억의 이윤을 얻을 수 있습니다. 이처럼 투자에 대한 성과과 기업마다 다르기 때문에 기업이 보유하고 있는 현금의 가치도 차이가 존재합니다.

이어서 재무상태표의 구성요소 중 부채에 대해 알아보겠습니다. 부채란 기업이 경영활동 과정에서 남들에게 진 빚이라고 할 수 있습니다. 예를 들면, 남에게 빌린 돈, 외상으로 구입한 물건 대금, 기타 아직 지급하지 않은 서비스 이용대가 등이 부채에 해당됩니다. 그러면 기업은 왜 이러한 부채를 부담할까요? 한마디로 말하면, 사업에 필요한 자금이 부족하기 때문입니다. 부채의 부담은 현실적으로 불가피한 현상인데, 기업이 부채를 부담하고 있다는 것은 언젠가 상대방인 채권자에게 갚아야 할 의무가 있음을 의미합니다. 자, 이제 ㈜JYP엔터테인먼트의 재무상태표에서 부채를 살펴보겠습니다. ㈜JYP엔터테인먼트의 총부채는 2018년 말 282억원에서 2019년 말 383억원으로 101억원이 증가하였습니다. 그러나 이와 같이 전년 대비 부채가 증가하였다는 부정적인 신호는 아닐 수 있습니다. 즉, 2019년의 총자산 증가액인 355억원과 비교하면, 상대적으로 부채의 절대 수치는 증가하지 않았다고 볼 수 있습니다.

부채도 자산과 마찬가지로 통상 1년을 기준으로, 1년 이내에 갚아야 할 부채를 유동부채, 1년 이후에 갚아야 할 부채를 비유동부채라고 합니다. ㈜JYP엔터테인먼트의 경우, 2018년 말의 유동부채와 비유동부채는 각각 276억원과 5억원으로, 그 비중이 98% 대 2%로 부채의 거의 대부분이 1년 이내에 갚아야 할 유동부채입니다. 또한 2019년 말 유동부채와 비유동부채는 각각 367억원과 16억원으로, 상대적인 비중은 96% 대 4%로 전년보다 총부채 중 유동부채의 비중은 낮아졌으나 부채 중 대부분이 1년 이내에 갚아야 할 유동부채입니다. 또한 ㈜JYP엔터테인먼트는 2019년도에 전년도에 비해 비유동부채의 비중이 상대적으로 많이 증가하였음을 알 수 있습니다.

㈜JYP엔터테인먼트의 1년 이내 현금화되는 유동자산은 2019년 말 기준 874억원이었는데, 1년 이내 갚아야 하는 유동부채는 2019년 말 기준 367억원입니다. 따라서 1년 이내 현금화되는 874억원으로 1년 이내 갚아야 하는 367억원을 충분히 갚을 수 있을 것입니다. 즉, 우리는 ㈜JYP엔터테인먼트의 유동자산과 유동부채를 비교함으로써 ㈜JYP엔터테인먼트가 부채 미상환으로 인한 위험은 거의 발생되지 않을 것이라는 것을 알 수 있습니다.

마지막으로, 재무상태표의 구성요소 중 자본에 대해 알아보겠습니다. 자본이란 기업 소유주의 몫을 의미합니다. 소유주 관점에서 볼 때, 자본은 자산에서 부채를 빼고 남은 것으로서 소유주들에게 귀속될 자산이기 때문에, 소유주의 입장에서는 자신들의 재산입니다.

이러한 의미에서 자본을 자기자본이라고도 합니다. 구체적으로, 자본은 기업의 소유주(주식회사의 경우에는 주주)가 투자한 자금과 경영활동을 통하여 창출한 이익으로 구성됩니다. 모든 기업은 사업을 시작할 때 그 기업의 소유주가 먼저 자금을 투자하는데, 이처럼 소유주가 직접 투자한 자금을 납입자본이라고 합니다. 한편, 기업은 사업을 한 결과 이익이 발생하면 그 이익 중 일부를 투자에 대한 대가로 배당을 주고, 나머지는 기업 내에 유보하여 사업에 재투자합니다. 이와 같이 사업을 통하여 획득한 이익 중에서 배당으로 지급되지 않고 기업에 남아 있는 이익도 기업 소유주의 몫이므로 자본에 해당하며, 이를 이익잉여금이라고 합니다.

이제 ㈜JYP엔터테인먼트의 자본을 그 구성항목별로 살펴보면 다음과 같습니다. 우선 ㈜JYP엔터테인먼트의 주주들이 납입한 납입자본은 2018년 말 828억원에서 2019년 말 859억원으로 전년 대비 30억원 증가하였는데, 이는 ㈜JYP엔터테인먼트의 주주들이 2019년 자본금을 30억원 납입하였다는 것을 의미합니다. 실제로 ㈜JYP엔터테인먼트는 2019년 증자를 실시하였습니다. 또한 ㈜JYP엔터테인먼트가 경영활동을 통해 벌어들인 이익 중 배당을 제외한 나머지를 의미하는 이익잉여금은 2018년도에 435억원이었는데, 2019년에는 672억원으로, 한 해 동안 237억원이 증가하였습니다. 이는 ㈜JYP엔터테인먼트가 2019년에 배당을 제외하고 237억원의 이익을 낼 정도로 경영성과가 좋았다는 것을 의미합니다.

이제 회계등식이 ㈜JYP엔터테인먼트의 재무상태표에서도 성립하는지 T계정을 활용하여 확인해 보겠습니다. 먼저, ㈜JYP엔터테인먼트의 2018년 말 재무상태표를 보면, 자산총계가 1,448.5억원이고 부채와 자본총계도 1,448.5억원으로 동일합니다. 또한, 2019년 말 자산총계는 1,803.9억원으로 부채와 자본총계 1,803.9억원과 역시 동일합니다. 따라서 ㈜JYP엔터테인먼트의 2019년 말, 그리고 2018년 말 재무상태표는 회계등식이 성립하고 있습니다.

회계상식　　자본등식

　　앞에서 설명한 바와 같이, 재무상태표는 자산과 부채 및 자본으로 구성되어 있습니다. 이 중에서 특징적인 것은 기업의 주인인 소유주 또는 주주의 몫(지분)을 나타내는 자본, 즉 순재산입니다. 자본은 자산총액에서 채권자가 제공한 부채총액을 뺀 나머지인 잔여액으로 정의됩니다. 왜 잔여액이라고 정의할까요? 소유주지분은 그 금액이 항상 일정액으로 고정되어 있는 것이 아니라, 경영활동의 결과인 이익 또는 손실에 따라 변동하는 속성을 가지고 있습니다. 이 속성으로 인하여 자본은 독자적으로 계산되는 것이 아니라, 자산과 부채에 따라 종속적으로 결정되기 때문입니다. 자본의 정의를 이용하여 '자산－부채＝자본'이라는 등식을 만들 수 있는데, 이를 자본을 계산하는 자본등식이라고 합니다.

예제 2-1　　재무상태표의 구성요소에 대한 이해

　　중앙인이 직장생활을 청산하고 그동안 모아둔 돈 5,000만원과 은행에서 1년 이내에 갚기로 하고 2,500만원을 빌려서 창업을 하였습니다. 이 돈 중에서 사무실 전세보증금으로 3,000만원을 주고, 책상 등 비품을 1,500만원에 구입하였습니다. 또한, 1,000만원은 일상적인 경비에 사용하려고 사무실 금고에 넣어 두고, 나머지 2,000만원은 당분간 은행에 예금하였습니다. 다음 각 물음에 답하시오.

▎물음

1. 자산, 부채, 자본은 각각 얼마입니까?

2. 회계등식이 성립하는지 확인하시오.

▎풀이

1. 자산 : 현금 1,000만원＋예금 2,000만원＋전세보증금 3,000만원＋비품 1,500만원
　＝7,500만원
　부채 : 은행 차입금 2,500만원
　자본 : 자산 7,500만원－부채 2,500만원＝5,000만원(납입자본)

2. 자산 7,500만원＝부채 2,500만원＋자본 5,000만원

회계상식   재무상태표에서 알 수 있는 정보

재무상태표를 통해 우리는 한 기업에 대해 다음과 같은 정보를 얻을 수 있습니다.

- 자산으로 무엇을 보유하고 있는가?
- 장·단기적으로 부채에 대한 지급능력이 있는가?
- 자산에 대한 청구권은 누구에게 있는가?

제3절 얼마나 벌었나?-손익계산서

기업의 경영활동 결과는 경영성과인데, 이것은 손익계산서에 나타납니다. 손익계산서란 일정 기간 동안 기업의 경영성과를 보고하기 위하여 작성되는 재무제표의 일종입니다. 손익계산서에는 일정 기간 동안 기업이 어떤 활동을 하여 얼마를 벌었으며(수익), 이를 벌기 위하여 얼마를 썼는지(비용), 그리고 이 둘의 차이(이익 또는 손실)가 경영활동의 결과로 나타납니다. 수익이 비용보다 크다면 그 차이가 손익계산서에 이익으로 보고되고, 수익이 비용보다 작다면 그 차이가 손실로 보고됩니다.

도표 2-3 기업의 경영성과 평가

(비용)	수익	☺	(비용)	수익	☹
이익				손실	

여기서 경영성과를 측정하는 척도인 손익을 정확히 계산하기 위해서는 먼저 수익과 비용이 무엇인가를 잘 알아야 합니다. 수익을 간단히 말하면, 일정 기간 동안 사업을 하여 벌어들인 총액입니다. 상품매매업의 상품판매액, 제조업의 제품판매액, 용역제공업(서비스업)의 용역제공액 등과 같이 이익을 획득하기 위하여 제공한 영업대상물의 판매액이 수익입니다. 여기서 명심할 것은 수익에는 현금판매액뿐만 아니라 외상판매액도 포함된다는 점입니다. 예를 들어, 어떤 피아노학원이 한 달간의 수강료 중 800만원은 현금으로 받았고, 200만원은 아직 받지 못했다고 가정합시다. 이 피아노학원이 한 달 동안 벌어들인 수익은 현금 800만원과 아직 받지 못한 200만원을 합한 1,000만원입니다.

회계상식   이익, 나도 계산할 수 있어요!

귀농한 중앙인이 읍내 구경을 하려고 산에서 내려오는 길에 산 아래 모퉁이에서 앵두를 팔고 있는 노점상을 만났습니다. 앵두 빛깔이 너무 좋아 한 봉지에 5,000원씩 두 봉지를 10,000원에 샀습니다. 중앙인은 앵두 두 봉지를 들고 읍내로 갔는데, 사람들이 이 앵두를 보고 너무 좋다고 하면서 한 봉지를 10,000원에 팔라고 하여 팔았습니다. 뜻한 것은 아니지만, 중앙인은 얼마의 이익을 얻었을까요? 앵두 한 봉지당 5,000원을 주고 샀는데, 한 봉지를 10,000원에 팔았으니 5,000원이 남았지요. 이것이 바로 이익입니다.

참고로, 한 봉지 팔아서 받은 돈 10,000원은 수익이고, 한 봉지 산 값 5,000원은 비용입니다. 그럼 팔지 않고 남아 있는 한 봉지는 어떻게 처리해야 할까요? 이제 여러분도 알다시피 이는 중앙인의 자산으로 재무상태표에 나타납니다.

그런데 한 푼도 쓰지 않고 돈을 벌 수 있을까요? 아무리 조그마한 사업이라도 돈을 벌기 위해서는 그에 상응한 지출이 나타날 수밖에 없습니다. 이러한 지출을 비용이라고 합니다. 예를 들어, 피아노학원을 운영하여 돈을 벌기 위해서는 어떤 비용이 발생할까요? 피아노를 사거나 빌려서 사용해야 할 것이고, 강사에게 월급도 주어야 하며, 전화비나 건물 임차료 등도 주어야 할 것입니다. 비용에는 현금지출액뿐만 아니라 외상금액도 포함합니다. 예를 들어, 강사급여가 한 달에 200만원인데, 이번 달에 학원 운영이 어려워서 100만원밖에 지급하지 못하였더라도 이번 달의 급여비용은 200만원입니다. 수익과 비용에 대해서는 제4장에서 보다 자세히 살펴보겠습니다.

예제 2-2 수익과 비용에 대한 이해

한류음악학원은 이번 달에 수강료로 받을 금액이 총 300만원인데, 이 중에서 200만원만 현금으로 받았고 나머지는 다음 달에 받기로 했습니다. 그래서 이번 달의 월세 50만원, 빌린 돈의 이자 20만원 및 관리비 30만원은 지급했지만, 강사월급 150만원 중 50만원을 다음 달에 주기로 양해를 얻었습니다. 이번 달의 수익, 비용 및 손익은 각각 얼마인가요? 또한, 이번 달의 순현금유입(또는 유출)은 얼마인가요?

┃ 풀이

1. 수익 : 수강료 300만원(현금으로 받은 수강료뿐만 아니라, 아직 받지 못한 수강료도 포함해야 함)

2. 비용 : 월세 50만원＋이자 20만원＋관리비 30만원＋강사월급 150만원＝250만원(수익과 마찬가지로 비용도 현금으로 지급한 200만원뿐만 아니라, 아직 지급하지 못한 강사월급도 포함해야 함)

3. 이익 : 수익 300만원－비용 250만원＝50만원

4. 순현금유입 : 현금유입 200만원－현금유출 200만원＝0

도표 2-4 (주)JYP엔터테인먼트의 손익계산서

손익계산서

(주)JYP엔터테인먼트   (단위 : 백만원)

항　　목	2019년도 (1월 1일~12월 31일)	2018년도 (1월 1일~12월 31일)
수　　익	147,754	120,374
（비　용）	119,987	98,103
당기순이익	27,767	22,271

〈도표 2-4〉는 ㈜JYP엔터테인먼트의 손익계산서 사례입니다. 실제는 더 자세하지만 간략히 요약한 것입니다. 이 손익계산서를 보면 알 수 있듯이, 위에서 설명한 대로 크게 수익, 비용 및 (당기)순이익으로 구성되어 있습니다. ㈜JYP엔터테인먼트의 수익은 2018년도 1,203억원이고, 2019년도 1,477억원으로 전년 대비 273억원(33%)이 증가하였으며, 비용은 2013년도 940억원이고 2014년도 1,260억원으로 전년 대비 320억원(23%)이 증가하였습니다.

한편, 당기순이익은 2018년도 222억원이며, 2019년도 277억원으로 전년 대비 54억원이 증가하였습니다. ㈜JYP엔터테인먼트의 경우 2019년도 순이익성장률이 25%로 양호한 경영성과를 나타냈습니다.

회계상식 — 수익과 비용은 구분되어야 한다!

기업이 영업활동을 하는 과정에서 발생하는 수익과 비용은 고유목적뿐만 아니라 고유목적 이외에서도 발생합니다. 기업이 영업활동을 하는 과정에서 발생된 고유목적의 수익과 비용은 과거에도 발생했고, 앞으로도 발생될 가능성이 높습니다. 반면, 고유목적 이외에서 발생된 수익과 비용은 과거에 발생하였다고 하더라도 앞으로 기업이 영업활동을 하는 과정에서 발생될지 여부는 불확실합니다. 따라서 기업의 이해관계자들은 기업의 수익과 비용이 고유목적인지 또는 고유목적이 아닌지 여부를 좀더 면밀하게 살펴봐야 할 것입니다.

손익계산서의 수익이 고유목적에서 발생되었다면 매출액으로 인식하고, 수익이 고유목적 이외에서 발생되었다면 영업외수익으로 인식하게 됩니다. 또한 비용도 고유목적에서 발생되었다면 매출원가 또는 판매비 및 관리비로 인식하고, 비용이 고유목적 이외에서 발생되었다면 영업외비용으로 인식하게 됩니다.

제4절 재무제표를 작성하는 원칙과 과정

　기업이 재무제표를 작성하는 일련의 과정은 계속적으로 반복되기 때문에, 재무제표 작성과정을 회계순환과정이라고 합니다. 회계순환과정은 ① 거래의 식별, ② 분개장에 분개, ③ 원장에 전기, ④ 수정전시산표 작성, ⑤ 결산 및 수정분개, ⑥ 수정후시산표 작성, ⑦ 재무제표 작성 순으로 이루어집니다. 이러한 회계순환과정에는 거래, 분개, 전기, 시산표, 결산 등 일상생활에서 사용하지 않는 매우 낯선 회계 용어들이 많이 등장합니다. 따라서 이러한 용어들을 중심으로 회계순환과정을 설명하고자 합니다.

도표 2-5　회계순환과정

　〈도표 2-5〉에 나타나 있듯이, 회계순환과정의 첫 번째 단계는 거래의 식별입니다. 여기서 중요한 점은 일상생활에서 우리가 사용하는 거래와 재무제표에 기록되어지는 거래 간에는 차이가 있다는 것입니다. 참고로, 회계에서는 거래를 재무제표에 자산·부채·자본·수익·비용의 항목으로 나타내는 것을 인식이라고 합니다. 따라서 거래는 재무상태표의 구성요소인 자산·부채·자본의 증감과 손익계산서의 구성요소인 수익·비용의 발생을 가져오는 경제적 사건만을 의미합니다.

예를 들어, ㈜중앙백화점이 ㈜두산컴퓨터로부터 컴퓨터 100대를 1대당 50만원에 매입하기로 계약체결을 하였다고 가정합시다. 일상생활에서는 이러한 계약체결을 거래로 보지만, 회계에서는 거래로 보지 않습니다. 왜냐하면 계약체결만으로 자산, 부채, 자본이 변동하거나 수익, 비용이 발생하지 않기 때문입니다. 이번에는 ㈜중앙백화점이 ㈜두산컴퓨터로부터 매입한 컴퓨터 100대 중 50대가 화재로 소실되었다고 가정합시다. 일상생활에서는 이러한 소실을 거래라고 하지 않지만, 회계에서는 컴퓨터라는 자산이 감소한 내역을 재무제표에 나타내야 하므로 거래라고 합니다.

이처럼 거래가 일어나면 ① 자산의 증가, ② 자산의 감소, ③ 부채의 증가, ④ 부채의 감소, ⑤ 자본의 증가, ⑥ 자본의 감소, ⑦ 수익의 발생, ⑧ 비용의 발생이 나타나는데, 이를 거래의 8요소라고 합니다. 요약하면, 회계에서 거래란 거래의 8요소에 영향을 미치는 경제적 사건입니다.

도표 2-6 거래의 8요소

재무제표의 종류	구성요소	거래요소
재무상태표	자 산	자산의 증가, 자산의 감소
	부 채	부채의 증가, 부채의 감소
	자 본	자본의 증가, 자본의 감소
손익계산서	수익, 비용	수익의 발생, 비용의 발생

재무제표에 반영될 거래로 식별되면 최종적으로 재무제표에 포함되기 위해 분개와 전기 및 결산이라는 단계를 거치게 됩니다. 분개란 거래를 분개장에 기록하는 것을 말합니다. 이때 분개장에 기록하는 방법은 〈도표 2-7〉과 같이 일정한 원칙에 따라 이루어집니다. 즉, 자산의 증가, 부채와 자본의 감소 및 비용의 발생은 분개장의 왼쪽(차변)에 기록하고, 자산의 감소, 부채와 자본의 증가 및 수익의 발생은 분개장의 오른쪽(대변)에 기록합니다.

차변(왼쪽)	대변(오른쪽)
자산의 증가	자산의 감소
부채의 감소	부채의 증가
자본의 감소	자본의 증가
비용의 발생	수익의 발생

제
2
장

그리고 분개의 또 다른 중요한 원칙은 하나의 거래는 항상 동일한 금액의 차변과 대변으로 분개되어야 하는데, 이를 거래의 이중성이라 하며 이러한 거래기록을 복식부기라고 합니다. 즉, 복식부기란 하나의 거래가 발생하면 장부의 차변과 대변에 각 한 번씩 총 두 번 적는 제도입니다. 복식부기의 상대적 개념인 단식부기는 흔히 가계부에 단순히 현금의 수입과 지출만을 기록하는 방법입니다.

복식부기 : 하나의 거래가 발생하면 장부에 두 번 적는 장부 기록 제도

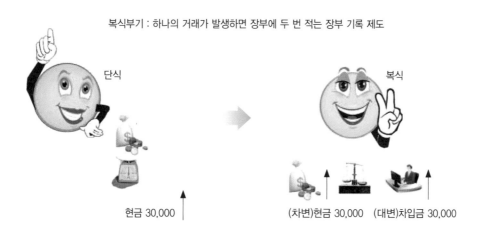

단식

현금 30,000

복식

(차변)현금 30,000   (대변)차입금 30,000

예를 들어, 여러분이 20×1년 3월 5일에 친구로부터 현금 30,000원을 빌려 그 다음날 교재를 사는 데에 20,000원을 지불했다고 가정하고, 단식부기와 복식부기에 따라 각각 장부에 기록하면 다음과 같습니다. 단식부기의 경우 현금의 유입액, 유출액, 그리고 잔액만 알 수 있을 뿐 현금이 변동한 이유는 전혀 알 수 없습니다. 반면에, 복식부기는 현금의 증감뿐만 아니라 현금의 변동 이유도 제시됩니다.

가계부(단식부기)			
일 자	수 입	지 출	잔 액
20×1. 3. 5.	30,000		30,000
20×1. 3. 6.		20,000	10,000

분개장(복식부기)			
일 자	계정과목	차 변	대 변
20×1. 3. 5.	현금	30,000	
	차입금*		30,000
20×1. 3. 6.	교재	20,000	
	현 금*		20,000

* 통상적으로 위와 같은 형식의 분개장에서 대변에 기록될 계정과목은 차변에 기록될 계정과목보다 들여쓰기를 하여 구분표시 합니다.

위의 분개장에 분개한 예시를 보면, 분개법칙에 따라 거래가 발생한 일자와 현금과 차입금 같은 계정과목 및 금액이 기록됩니다. 여기서 계정과목이란 재무상태표의 자산, 부채, 자본 및 손익계산서의 수익, 비용으로 기록될 구체적인 항목들을 부르는 호칭입니다.

📊 회계상식   복식부기의 특징

복식부기는 1494년 L. Pacioli의 『산술·기하·비율 및 비례 총람』이라는 저술서에 당시 베니스를 중심으로 수행되던 상인들의 기술을 논의한 것에서 출발한 것으로 알려져 있는데, 이는 매우 획기적인 것으로서 현대 회계제도의 중추를 이루고 있습니다. 세계적으로 저명한 독일의 시인 괴테(Goethe)가 "복식부기제도는 인간의 발명품 중에서 가장 훌륭한 업적 중 하나입니다"라고 극찬하였을 정도로, 복식부기제도는 인류의 발전에 혁신적인 기여를 한 위대한 발명품입니다.

복식부기제도는 다음과 같은 특징을 가지고 있습니다.

- 이익 또는 손실의 발생 원인을 명확히 파악할 수 있다.
- 오류를 스스로 검증할 수 있는 자기검증기능을 가지고 있다.

예제 2-3   분개

다음은 프로야구구단인 (주)중앙이 20×1년 4월에 수행한 경영활동의 일부입니다. 각 경영활동을 차변과 대변을 이용하여 분개하시오.

1. 4월 5일, 해외 유명 투수인 중앙인과 연봉 3억원에 즉시 입단하는 계약을 체결하였다.

2. 4월 15일, 선수 훈련용 운동기구를 5천만원에 외상으로 구입하였다.

3. 4월 23일, 선수들의 식대 3천만원을 현금지급하였다.

4. 4월 30일, 프로야구위원회로부터 4월 관중 수입금 1억원을 통장으로 입금받았다.

▎풀이

1. ㈜중앙이 중앙인과 입단계약을 체결한 것만으로는 ㈜중앙의 재무제표 구성요소에 어떠한 변동도 가져오지 않으므로 회계거래가 아닙니다. 따라서 별도의 분개가 필요 없습니다.

2. 구입한 운동기구는 ㈜중앙의 자산이고, 외상대금 5천만원은 ㈜중앙의 부채입니다. 따라서 ㈜중앙의 자산과 부채가 변동되므로 재무제표에 기록되어야 합니다. 먼저, ㈜중앙의 입장에서 운동기구라는 자산이 5천만원 증가했으므로 거래의 8요소 중 자산의 증가에 해당하고, 이는 분개의 원칙에 따라 차변에 기록됩니다. 그리고 미지급금 이라는 갚아야 할 부채가 5천만원 증가했으므로 거래의 8요소 중 부채의 증가에 해당 하고, 이는 분개의 원칙에 따라 대변에 기록됩니다.

3. 외상 식대 3천만원을 지급했으므로 자산인 현금의 감소에 해당되며, 자산의 감소는 대변에 기록됩니다. 한편, 식대비라는 비용이 발생되는데, 비용의 발생은 분개의 원칙에 따라 차변에 기록됩니다.

4. 프로야구위원회로부터 입금된 1억원은 ㈜중앙의 수익입니다. 분개의 원칙에 따라 수익의 발생은 대변에 기록됩니다. 또한, 현금 1억원이 입금되었으므로 현금이란 자산의 증가로 차변에 기록됩니다.

분개장			
일 자	계정과목	차 변	대 변
20×1. 4. 15.	운동기구	50,000,000	
	미지급금		50,000,000
20×1. 4. 23.	식대비	30,000,000	
	현 금		30,000,000
20×1. 4. 30.	현금	100,000,000	
	관람료수익		100,000,000

거래를 분개장에 분개한 다음의 회계순환과정은 원장(ledger)에 전기하는 것입니다. 전기란 분개장에 기록된 계정과목들의 차변과 대변에 해당하는 금액들을 총계정원장의 동일한 계정과목에 옮겨 적어 각 계정과목별로 집계하는 것입니다. 이러한 전기를 한 후에 각 계정과목의 잔액을 계산할 수 있습니다.

예제 2-4   전기

〈예제 2-3〉에서 분개장에 분개한 내용을 총계정원장에 전기하고, 20×1년 4월 30일 현재 각 계정과목별 잔액을 계산하시오. 단, 총계정원장은 T계정의 양식을 활용하시오.

▌풀이

〈예제 2-3〉의 분개장을 보면 알 수 있듯이, 전기할 계정과목은 운동기구, 미지급금, 식대비, 현금, 관람료수익이며, 이를 T계정 양식에 전기하면 다음과 같습니다. 운동기구의 경우 4월 15일에 분개장의 차변에 5천만원이 기록되어 있으므로, 이를 총계정원장의 운동기구

차변에 5천만원을 옮겨 적습니다. 그리고 4월 중에 운동기구와 관련된 다른 거래는 없으므로 4월 30일 현재 운동기구의 잔액은 5천만원이 됩니다. 다른 계정과목들에 대한 전기도 동일한 방법으로 옮겨 적는데, 현금의 경우에만 4월 23일과 4월 30일의 두 거래가 발생하였습니다.

운동기구			
4. 15.	50,000,000		
4. 30.	50,000,000		

미지급금			
		4. 15.	50,000,000
		4. 30.	50,000,000

식대비			
4. 23.	30,000,000		
4. 30.	30,000,000		

현 금			
4. 30.	100,000,000	4. 23.	30,000,000
4. 30.	70,000,000		

관람료수익			
		4. 30.	100,000,000
		4. 30.	100,000,000

거래를 분개장에 분개하고 원장에 전기를 하고 나면, 각 계정과목별로 잔액을 계산할 수 있습니다. 이러한 계정과목별 잔액을 한 곳에 모아 만든 표가 시산표입니다. 그런데 다음 회계절차인 결산 전에 만드는 시산표를 수정전시산표라고 하고, 결산 후에 만드는 시산표를 수정후시산표라고 합니다. 〈도표 2-8〉의 수정전시산표는 각 계정과목별 잔액을 가지고 만든 것으로 현금부터 자본금까지는 재무상태표의 구성요소인 자산, 부채, 자본에 해당하고, 수수료수익부터 급여까지는 손익계산서의 구성요소인 수익, 비용에 해당합니다.

수정전잔액시산표

서울(주)   20×1. 12. 31.   (단위 : 원)

차 변	계정과목	대 변
370	현 금	
0	미 수 수 익	
3,200	사 무 기 기	
3,600	선 급 임 차 료	
	선 수 수 익	2,000
	차 입 금	4,800
	자 본 금	6,000
	수 수 료 수 익	5,700
30	이 자 비 용	
11,300	급 여	
18,500	합 계	18,500

한편, 매 회계연도 말에는 결산이라는 회계절차를 수행해야 합니다. 결산이란 한 회계연도의 장부를 마감하는 일련의 절차를 의미하는데, 이러한 결산과정에서 필수적인 것이 수정분개입니다. 여기서 회계연도란 재무제표를 작성하는 대상 기간을 의미하는데, 일반적으로 우리나라의 대부분 기업들은 매년 1월 1일부터 12월 31일까지를 한 회계연도로 설정하고 있습니다. 결산에 대한 보다 구체적인 설명은 본 교재의 교육목적을 벗어나기 때문에 더 이상 구체적인 설명을 생략하겠습니다만, 관심 있는 독자들은 회계원리 교재를 참고하기 바랍니다.

결산 및 관련된 수정분개를 마치고 나면, 앞서 말한 수정후시산표를 작성하게 됩니다. 그리고 이 수정후시산표의 각 계정과목별 잔액을 가지고 재무제표를 작성합니다. 예를 들어, 〈도표 2-9〉에서 수정후시산표의 현금 잔액 180은 재무상태표의 자산부분 중 현금으로 옮겨 기록되고, 매입채무 잔액 30은 재무상태표의 부채부분 중 매입채무로 옮겨 기록됩니다. 또한, 수정후시산표의 수익과 비용 잔액들도 손익계산서의 해당 부분 계정과목에 옮겨 기록되며, 이 두 잔액의 차액이 당기순이익 또는 당기순손실로 기록됩니다. 이렇게 산출된 당기순(손)익은 〈도표 2-9〉에서 보듯이 재무상태표의 자본 중 이익잉여금에 가(감)산됩니다.

수정후잔액시산표		
적 요	잔 액	
	차 변	대 변
현 금	180	
매 출 채 권	30	
재 고 자 산	30	
건 물	300	
매 입 채 무		30
미지급비용		3
납 입 자 본		500
매 출		30
매 출 원 가	20	
급 여	3	
	563	563

(재무상태표 / 손익계산서)

재무상태표	
계정과목	금 액
현 금	180
매 출 채 권	30
재 고 자 산	30
건 물	300
자 산 총 계	540
매 입 채 무	30
미지급비용	3
납 입 자 본	500
이익잉여금	7
부 채 와 자 본 총 계	540

손익계산서	
계정과목	금 액
매 출	30
매 출 원 가	(20)
급 여	(3)
당기순이익	7

현재 실무에서는 분개장 기록부터 재무제표 작성까지의 회계절차가 대부분 전산회계시스템에 의해서 이루어지고 있습니다.

과거에는 회계를 부기라고 하여 장부기록을 중요시하였습니다. 그러나 현대에는 의사소통수단으로서 회계정보의 활용기능을 더욱 강조하고 있습니다. 그래서 회계를 한마디로 기업의 언어(language of business)라고도 부릅니다. 왜냐하면 회계정보를 통해 기업과 기업을 둘러싼 이해관계자들 간에 의사소통을 할 수 있기 때문입니다.

기업의 회계정보를 이용하는 이해관계자는 매우 다양합니다. 예를 들어, 기업 내부의 경영자와 중간관리자는 경영의사결정을 할 때 자기 회사의 회계정보뿐만 아니라 경쟁 기업의 회계정보도 활용합니다. 또한, 기업 외부의 현재 주주와 채권자뿐만 아니라 향후 투자를 고려하는 잠재적인 주주와 채권자도 관심 있는 기업의 회계정보에 귀를 기울입니다. 이외에도 회계정보를 이용하는 이해관계자는 기업의 종업원, 정보중개인(재무분석가와 신용분석가 등), 재무중개인, 정부기관 등 매우 다양합니다.

 생각해 보기

(주)JYP엔터테인먼트의 재무상태표와 손익계산서를 통하여 (주)JYP엔터테인먼트의 재무상태와 경영성과를 평가하시오.

제 3 장

재무제표의 구성요소
나누어 보기

제3장의 학습목표는 재무제표의 구성요소를 구분하여 그 의미를 이해함에 있습니다.

이러한 학습목표를 달성하기 위해 다음의 내용을 학습하겠습니다.

첫째, 유동성을 기준으로 한 자산과 부채의 분류에 대해 알아보겠습니다.
둘째, 영업활동과 비영업활동에 따른 손익계산서의 분류에 대해 알아보겠습니다.
셋째, 회계감사와 공인회계사의 역할에 대해 알아보겠습니다.

제1절 자산과 부채를 유동성에 따라 나누어 보자

1. 유동성에 따른 자산의 분류

제2장에서 학습한 바와 같이 자산은 현금화되는 기간인 유동성 정도에 따라 유동자산과 비유동자산으로 구분됩니다. 일반적으로 유동자산은 1년 이내에 판매 등 처분을 통해 현금화될 수 있는 자산을 의미하고, 그 이외의 자산을 비유동자산이라고 합니다.

도표 3-1 유동자산의 종류

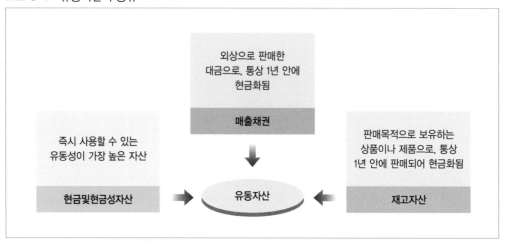

대표적인 유동자산으로는 현금및현금성자산, 매출채권, 재고자산이 있습니다. 현금및현금성자산은 현금과 현금과 같은 성격이 있는 자산이라고 하여 현금및현금성자산으로 불리고 있습니다. 현금및현금성자산은 그 자체를 즉시 사용할 수 있으므로 유동성이 가장 높은 자산입니다. 매출채권은 외상으로 판매한 대금으로, 일반적으로 1년 안에 현금으로 회수되므로 역시 유동자산에 해당합니다. 또한, 재고자산은 판매목적으로 보유하는 상품이나 제

도표 3-2 비유동자산의 종류

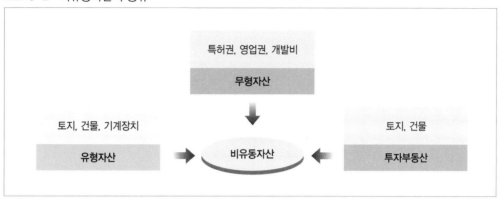

품으로, 통상 1년 안에 판매되어 현금화된다고 가정하여 유동자산으로 분류됩니다.

　유동자산 이외의 자산을 비유동자산이라고 하는데, 이러한 비유동자산은 기업이 1년 이상 보유할 목적으로 가지고 있는 자산입니다. 비유동자산은 다시 유형자산, 무형자산, 투자부동산으로 구분되는데, 유형자산은 토지와 건물, 기계장치 등과 같이 형태가 있는 자산입니다. 반면에, 무형자산은 특허권, 영업권, 개발비 등과 같이 형태가 없는 자산입니다. 유형자산과 무형자산은 영업활동에 사용할 목적으로 보유합니다. 그리고 투자부동산은 투자목적으로 보유하는 토지와 건물 등 부동산이 해당됩니다.

　〈도표 3-3〉에 제시된 ㈜JYP엔터테인먼트의 재무상태표에서 유동자산과 비유동자산의 구성항목을 살펴보겠습니다. 유동자산 중 유동성이 가장 높은 현금및현금성자산의 경우 2018년 말에 297억원을 보유하고 있었는데, 2019년 말에는 189억원을 보유하고 있어, 1년 만에 현금 보유액이 107억원 감소하였습니다. 단기금융상품은 사용이 제한되었지만 1년 이내에 현금화할 수 있는 정기예금 등에 투자한 것을 의미하는데, 2018년 말 0원에서 2019년 말 503억원으로 증가하였습니다. 외상으로 판매한 대금을 나타내는 매출채권은 2018년 말에 120억원이었는데, 2019년 말에는 129억원으로 9억원 증가하였습니다. ㈜JYP엔터테인먼트는 연예기획사임에도 판매할 목적으로 보유하고 있는 상품이나 제품을 나타내는 재고자산이 2018년 말에 2억원, 2019년 말에 6억원이 존재합니다.

　㈜JYP엔터테인먼트의 유형자산은 2018년 말 362억원에서 2019년 말 379억원으로 전년 대비 17억원 증가하였습니다. 유형자산은 토지, 건물, 구축물, 기계장치, 시설장치 등 눈

에 보이는 자산을 의미합니다. 무형자산은 2018년 말 291억원에서 2019년 말 290억원으로 전년 대비 1억원 감소하였습니다. 무형자산은 영업권, 산업재산권, 소프트웨어 등 눈에 보이지 않는 자산을 의미합니다. 투자자산은 2018년 말 84억원에서 2019년 말 192억원으로 전년 대비 108억원 증가하였습니다. 비유동자산 중 투자자산은 재무상태표일을 기준으로 1년 이후에 현금화되는 자산으로 장기금융상품, 장기투자증권, 지분법적용주식, 투자부동산 등이 있습니다.

도표 3-3   (주)JYP엔터테인먼트의 자산의 구성

재무상태표

(주)JYP엔터테인먼트   (단위 : 백만원)

자산	2019. 12. 31.		2018. 12. 31.	
자산	180,392		144,850	
유동자산		87,433		65,160
현금및현금성자산		18,961		29,723
단 기 금 융 상 품		50,348		–
매 출 채 권		12,950		12,010
재 고 자 산		691		244
기 타 유 동 자 산		4,483		23,183
비유동자산		92,959		79,690
유 형 자 산		37,998		36,232
무 형 자 산		29,043		29,108
투 자 자 산		19,227		8,402
기 타 비 유 동 자 산		6,691		5,948

2. 유동성에 따른 부채의 분류

부채도 자산과 마찬가지로 통상 1년을 기준으로, 1년 이내에 갚아야 할 부채를 유동부채, 1년 이후에 갚아야 할 부채를 비유동부채라고 합니다.

도표 3-4 유동부채의 종류

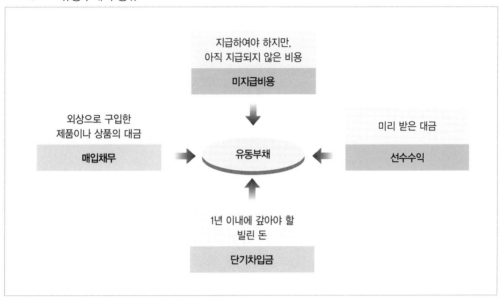

유동부채로는 매입채무, 미지급금, 미지급비용, 선수금, 선수수익, 그리고 단기차입금 등이 있습니다. 매입채무는 매출채권과 반대되는 것으로, 외상으로 구입한 재고자산의 대금을 의미합니다. 이러한 매입채무는 통상 1년 이내에 갚아야 하기 때문에 유동부채에 해당됩니다. 그리고 미지급비용은 직원의 임금 등의 비용을 아직 지급하지 아니한 것입니다.

한편, 선수수익은 서비스나 용역을 제공하기도 전에 먼저 받은 대금을 의미합니다. 선수수익이 부채가 되는 이유는 대금을 미리 받은 기업은 당연히 해당되는 서비스나 용역을 제공해야 하는 의무를 지기 때문입니다. 이러한 의무는 통상 1년 이내에 이루어지므로, 선수수익도 유동부채에 해당됩니다. 마지막으로, 단기차입금은 은행 등으로부터 빌린 돈으로, 1년 이내에 갚아야 할 채무를 의미합니다.

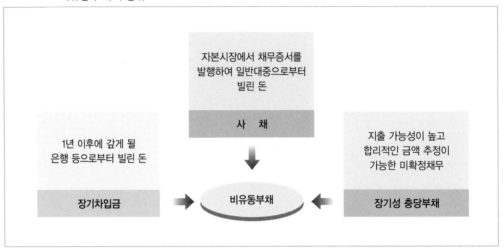

유동부채처럼 갚아야 할 채무이지만, 그 상환일이 1년 이후인 비유동부채로는 장기차입금과 사채 및 장기성 충당부채가 있습니다.

장기차입금은 단기차입금처럼 은행 등으로부터 빌린 돈인데, 다만 그 상환일이 1년 이후인 차입금입니다. 사채는 사채라는 채무증서를 발행하여 자본시장에서 일반대중으로부터 빌린 돈을 의미합니다. 일반적으로 차입금은 기업의 신용이나 담보를 평가하여 은행 등이 기업에게 자금을 대출해 주는 방식으로 이루어집니다. 반면에, 사채는 기업이 자본시장에서 직접 채무증서를 발행하여 일반대중으로부터 자금을 빌리는 방식으로 이루어집니다. 사채도 차입금처럼 1년 이내에 갚아야 할 수도 있고, 1년 이후에 갚아야 할 수도 있습니다. 그러나 일반적으로 사채는 갚아야 하는 만기를 발행일로부터 1년 이후로 설정하기 때문에, 대부분 비유동부채로 분류됩니다.

마지막으로, 장기성 충당부채에 대해 알아보겠습니다. 원칙적으로 자산과 부채는 그 금액과 유입 또는 유출시기가 확정되었을 때 재무상태표에 기록됩니다. 이에 대한 유일한 예외가 바로 충당부채입니다. 즉, 충당부채란 지급할 금액과 시기가 아직 확정되지 않았음에도, 그 지출 가능성이 높고 금액도 합리적으로 추정할 수 있기에 재무상태표에 기록되는 부채입니다.

예를 들어, 어떤 기업이 제품판매 시 그 하자에 대하여 고객에게 보상금을 지급하기로 약속하였다고 가정합시다. 이러한 하자보상금은 고객이 구입한 제품의 하자를 발견하고 실제로 보상을 청구할 때 결정됩니다. 따라서 판매 시점에서 고객 중 몇 명이 얼마의 보상금을 청구할지, 또한 언제 청구할지를 알 수 없습니다. 그럼에도 해당 기업이 과거의 판매경험 등에 의하여 지급 가능성이 높은 보상액을 합리적으로 추정할 수 있다면, 실제로 하자보상금이 고객에게 지급되기 이전에 부채로 기록하여야 합니다. 이 경우의 충당부채를 흔히 판매보증충당부채라고 부릅니다.

그런데 모든 충당부채가 비유동부채는 아닙니다. 해당 충당부채가 실제로 지급될 시기가 1년 이후로 추정된다면 비유동부채로 분류하지만, 1년 이내에 지급될 것으로 예상된다면 유동부채로 분류하여야 합니다.

📈 회계상식　　충당부채가 왜 필요한가?

자산과 부채는 그 금액과 시기가 확정되었을 때 재무상태표에 기록된다는 원칙을 어기고 재무상태표에 충당부채를 기록하는 이유는 무엇일까요? 우선, 충당부채는 있지만, 충당자산은 없음에 주목할 필요가 있습니다. 즉, 현재 의무가 존재하고 그에 대한 지출 가능성이 높은 부채는 금액이 확정되기 이전이라도 그 금액을 합리적으로 추정할 수 있다면 재무상태표에 부채로 기록하지만, 자산은 유입 가능성이 높고 그 금액을 합리적으로 추정할 수 있더라도 확정되기 이전까지는 재무상태표에 자산으로 기록할 수 없습니다. 이에 따라 자산은 가급적 적게, 부채는 가급적 많이 기록됩니다. 흔히 이러한 회계처리를 보수주의라고 부릅니다.

충당부채를 인정하는 또 다른 이유는 정확한 손익을 계산하기 위해서 비용을 관련된 수익과 직접 대응시키기 위해서입니다. 이러한 회계처리를 수익·비용 대응의 원칙이라고 합니다. 예를 들어, (주)중앙전자가 1월에 대당 구입원가 30만원인 10대의 컴퓨터를 대당 50만원에 판매하였다고 가정합시다. 그리고 2월에는 갑작스런 불경기로 컴퓨터가 1대도 판매되지 않았습니다. 한편, (주)중앙전자는 컴퓨터 판매 시 고객에게 컴퓨터에 하자가 있다면 대당 10만원을 보상금으로 지급하기로 약속하였습니다. 그리고 (주)중앙전자는 고객이 하자보상금을 청구할 가능성을 판매된 컴퓨터의 20%로 추정하였습니다. 실제로 1월에 판매한 컴퓨터 2대에 하자가 있어서, 청구한 보상금 총 20만원이 지급되었습니다.

㈜중앙전자가 1월에 컴퓨터 판매로부터 얻는 이익은 얼마일까요? 단순히 매출액 500만원(10대 ×50만원)에서 매출원가 300만원(10대×30만원)을 차감한 200만원을 이익으로 답하면 오답이 됩니다. 왜냐하면 매출액 500만원에 대응되어야 하는 비용은 매출원가 300만원뿐만 아니라, 500만원의 매출로 인하여 향후 지출될 보상금 20만원까지 고려하여야만 1월의 정확한 이익이 계산되기 때문입니다. 따라서 1월의 정확한 이익은 180만원(매출액 500만원 – 매출원가 300만원 – 하자보상금 20만원)이 됩니다.

이제 우리가 앞서 간략하게 살펴본 ㈜JYP엔터테인먼트의 재무상태표에서 부채를 보다 자세히 알아보겠습니다. 먼저, 유동부채의 주요 항목을 살펴보면, 고유목적 사업을 영위하는 과정에서 발생한 채무인 매입채무가 2018년 말 41억원에서 2019년 말에는 18억원으로 23억원 감소하였습니다. 아직 지급하지 않은 미지급금은 2018년 말 47억원에서 2019년 말에는 140억원으로 93억원이 증가하였습니다. 미지급금은 매입채무와 유사하게 1년 이내에 갚아야 할 채무입니다. 하지만, 미지급금은 매입채무와는 다르게 고유목적 사업 이외에서 발생된 채무입니다. 또한 실제 판매는 이루어지지 않았으나 미리 돈을 받음으로 인하여 발생된 선수금은 2018년 말 136억원에서 2019년 말 130억원으로 6억원 감소하였습니다. 비용은 발생하였지만 아직 비용을 지급하지 않은 미지급비용은 2018년 말 35억원에서 2019년 말에는 55억원으로 20억원 증가하였습니다. 마지막으로, 실제로 지급될 시기가 1년 이내로 추정되는 단기부채성충당부채는 2018년 말 2억원에서 2019년 말 6억원으로 3억원 증가하였습니다.

다음으로 ㈜JYP엔터테인먼트의 비유동부채를 살펴보면 금융리스부채가 2018년 말 0원에서 2019년 말 8억원으로 8억원 증가하였습니다. 일정기간 리스자산을 이용하는 리스이용자는 사용권자산을 자산으로 인식하면서 리스부채를 인식합니다. 즉, 2019년 ㈜JYP엔터테인먼트는 2019년 말 8억원의 리스계약을 체결하였다는 것을 의미하며, 이로 인하여 사용권자산이 자산으로 인식되면서 동일한 금액의 리스부채가 인식된 것입니다. 미지급비용 중 1년 이후 갚아야 할 의무가 있는 장기미지급비용은 2018년 말 0원에서 2019년 말 5억원으로 5억원 증가하였습니다. 또한 보증금은 2018년 말과 2019년 말 2억원으로 동일합니다. 참고로 ㈜JYP엔터테인먼트가 소유한 건물을 임대하면서 받은 임대보증금은 부채로 인식되는 반면 ㈜JYP엔터테인먼트가 다른 건물에 입주하면서 준 임차보증금은 자산으로 인식합니다.

재무상태표

(주)JYP엔터테인먼트

(단위 : 백만원)

	2019. 12. 31.	2018. 12. 31.
부채	38,386	28,243
유동부채	36,735	27,699
매입채무	1,838	4,157
미지급금	14,062	4,732
선수금	13,046	13,679
미지급비용	5,521	3,510
단기부채성충당부채	638	291
기타유동부채	1,630	1,329
비유동부채	1,650	545
금융리스부채	806	–
장기미지급비용	589	–
보증금	256	256
기타비유동부채		289

참고로 ㈜JYP엔터테인먼트의 경우 금융기관을 통해 빌린 차입금이나 회사가 직접 채권을 발행하여 자금을 조달하는 사채는 없습니다.

중앙인이 직장생활을 청산하고 그동안 모아둔 돈 2,500만원과 은행에서 1년 이내에 갚기로 하고 빌린 2,500만원을 가지고 서점을 개업하였습니다. 이 돈 중에서 서점 전세보증금으로 3,000만원을 주고, 고객용 소파와 판매용 도서를 각각 500만원과 1,000만원에 구입하였습니다. 나머지 500만원은 은행에 예금하였습니다. 다음 각 물음에 답하시오.

▌물음

1. 유동자산과 비유동자산 및 총자산은 얼마인가요?

2. 유동부채와 비유동부채 및 총부채는 얼마인가요?

3. 자본(순재산)은 얼마인가요?

4. 회계등식이 성립하는지 확인하시오.

▌풀이

1. 총자산 : 유동자산 1,500만원(예금 500만원 + 재고자산 1,000만원) + 비유동자산 3,500만원(전세보증금 3,000만원, 소파 500만원) = 5,000만원

2. 총부채 : 유동부채 2,500만원(은행차입금) + 비유동부채 0 = 2,500만원

3. 자본 : 자산 5,000만원 − 부채 2,500만원 = 2,500만원(납입자본)

4. 자산 5,000만원 = 부채 2,500만원 + 자본 2,500만원

제2절 손익을 활동에 따라 나누어 보자

 제2장에서 학습한 바와 같이 손익계산서는 수익과 비용 및 손익으로 구성됩니다. 그런데 이러한 수익과 비용은 본업인 영업활동과의 관련성에 따라 '영업수익 또는 영업비용'과 '영업외수익 또는 영업외비용'으로 구분하는 것이 정보이용자들의 의사결정에 도움이 됩니다. 영업수익은 제품이나 상품의 판매액 또는 용역이나 서비스의 제공액을 나타내는 매출액이 대표적입니다. 영업비용으로는 판매된 제품이나 상품 또는 제공된 용역이나 서비스의 원가를 나타내는 매출원가와 이러한 제품이나 상품의 판매와 용역이나 서비스의 제공을 위해 지출된 판매비와관리비가 있습니다. 한편, 영업외수익과 영업외비용의 대표적인 항목으로는 이자수익이나 이자비용 또는 자산처분에 따른 이익이나 손실이 있습니다. 이러한 영업외수익과 영업외비용은 투자활동이나 재무활동에서 발생합니다.

도표 3-7 손익계산서의 양식

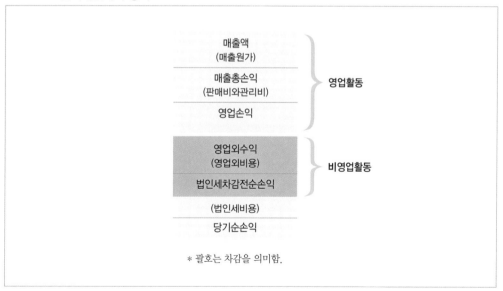

일반적으로 손익계산서에는 영업수익과 영업비용, 그리고 영업외수익과 영업외비용이 대응되어 나타나고 또 이들의 차액인 단계별 손익이 나타납니다. 예를 들어, 매출액에서 매출원가를 차감하여 매출총손익으로 표시하고, 매출총손익에서 다시 판매비와관리비를 차감하여 영업손익을 나타냅니다. 또한, 영업손익에 영업외수익과 영업외비용을 각각 가산·차감하여 법인세차감전순손익을 계산하고, 법인세차감전순손익에서 법인세비용을 차감하여 당기순손익을 나타냅니다.

회계상식 　손익계산서와 포괄손익계산서

우리나라는 2011년부터 모든 상장기업에 대해 국제회계기준(IFRS)을 적용하고 있습니다. 그런데 국제회계기준에서는 손익계산서에 대한 명칭을 포괄손익계산서(statement of comprehensive income)로 지칭하고 있습니다. 이렇게 국제회계기준에서 손익계산서에 포괄을 추가한 이유는 당기순손익에 이어서 기타포괄손익과 이 둘을 합한 총포괄손익을 표시하기 때문입니다.

당기순이익은 영업활동이나 비영업활동을 통하여 실제로 발생한 손익을 의미하는 반면, 기타포괄손익은 재평가손익과 같이 아직 확정되지 않은 손익입니다. 즉, 실현된 당기순손익뿐만 아니라 아직 실현되지 않은 기타포괄손익까지 손익계산서에 포함하여 정보이용자들에게 제공하겠다는 것이 국제회계기준의 취지입니다. 참고로, 국제회계기준에서는 포괄손익계산서에 표시할 항목을 최소한으로 규정하고 있습니다.

이제 실제 기업사례로 ㈜JYP엔터테인먼트의 2018년과 2019년의 손익계산서를 살펴보겠습니다. 여러분이 알아보기 쉽게 각 연도의 수익과 비용, 그리고 그 차액인 손익을 보고식으로 나타내었습니다. 먼저, 영업수익인 매출액을 보면 ㈜JYP엔터테인먼트는 2018년도에 1,181억원이고, 2019년도에는 약 264억원이 증가한 1,446억원입니다. 매출액의 증가에 따라 관련 비용인 매출원가도 2018년도에 690억원에서 2019년도에는 787억원으로 증가하였지만, 그 증가폭은 매출액 증가보다 적은 96억원입니다. 이로 인하여 ㈜JYP엔터테인먼트의 매출총이익은 2018년도 254억원에서 2019년도 392억원으로, 약 167억원이 증가하였습니다.

손익계산서

(주)JYP엔터테인먼트   (단위 : 백만원)

	2019. 1. 1. ~ 2019. 12. 31.		2018. 1. 1. ~ 2018. 12. 31.	
매출액	144,614		118,167	
(매출원가)	(78,749)		(69,068)	
매출총이익		65,865		49,099
(판매비와관리비)	(26,632)		(23,668)	
영업이익		39,233		25,431
영업외수익	3,140		2,207	
(영업외비용)	(4,638)		(522)	
법인세차감전순이익		37,735		27,116
(법인세비용)	(9,968)		(4,845)	
당기순이익		27,767		22,271

* 괄호는 차감을 의미함.

㈜JYP엔터테인먼트는 2018년보다 2019년 매출액이 147억원이나 증가하였으나, 판매비와관리비는 2018년 236억원에서 2019년 266억원으로 29억원 증가하여 상대적인 증가율이 낮습니다. 이로 인하여 매출총이익에서 판매비와관리비를 차감한 영업이익은 2018년도 254억원에서 2019년도에는 392억원으로 138억원 증가하였습니다.

㈜JYP엔터테인먼트의 영업외수익은 2018년 22억원에서 2019년 31억으로 9억원 증가하였으며, 영업외비용 또한 5억원에서 46억원으로 41억원 증가하였습니다. 그럼에도 불구하고, 영업이익이 전년 대비 큰 폭으로 증가하였기 때문에 법인세차감전순이익은 2018년 271억원에서 2019년 377억원으로 106억원 증가하였습니다. 최종적으로 법인세차감전순이익에서 법인세비용을 차감한 당기순이익은 2018년 222억원에서 2019년도에 277억원으로 54억원 증가하였음을 알 수 있습니다.

이러한 손익계산서의 정보에 따라 ㈜JYP엔터테인먼트의 2019년도 경영성과를 평가하면 본연의 영업활동 결과인 매출액이 전년보다 약 22.38% 증가하였으며, 매출원가는 전년 대비 약 14.02%가 증가하여 약 34.15%에 달하는 매출총이익의 성장률을 달성하였습니다. 또한 판매비및관리비가 매출액 증가율보다 상대적으로 증가 폭이 낮아 영업이익은 전년 대비 54.27% 성장하였습니다. 그 밖에 영업외수익은 전년 대비 42.31% 증가한 반면 영업외비용은 전년 대비 789.17%가 증가하였습니다. 또한 법인세차감전순이익은 전년 대비 39.16% 증가하였으며, 당기순이익은 24.68% 증가하였습니다.

이러한 결과로 볼 때, ㈜JYP엔터테인먼트의 경영성과는 전년과 비교할 때 상당히 양호하다고 판단할 수 있습니다. 그러나 ㈜JYP엔터테인먼트가 소속해 있는 엔터테인먼트산업의 호황으로 경영성과가 높아졌을 가능성도 있습니다. 따라서 ㈜JYP엔터테인먼트의 경영성과에 대한 평가는 ㈜JYP엔터테인먼트뿐만 아니라 ㈜JYP엔터테인먼트가 속해 있는 산업 평균도 고려해야 할 것입니다.

예제 3-2   손익계산서의 분류에 대한 이해

한류음악학원은 이번 달에 수강료로 받을 금액이 총 2,000만원인데, 이 중에서 200만원을 제외하고 모두 현금으로 받았으며 예금이자 3만원이 발생하였습니다. 그리고 이번 달에 월세 50만원, 강사월급 900만원, 관리비 · 전기수도료 · 전화료 및 제반 공과금 230만원, 빌린 돈의 이자 20만원이 발생하였습니다. 다음 각 물음에 답하시오.

┃ 물음

1. 이번 달의 총수익은 얼마인가요?

2. 이번 달의 영업손익은 얼마인가요?

3. 이번 달의 당기순손익은 얼마인가요?

┃ 풀이

1. 총수익 : 영업수익 2,000만원(아직 받지 못한 수강료 포함) + 이자수익 3만원 = 2,003만원

2. 영업손익 : 영업수익 2,000만원(수강료수익) − 판매비와관리비 1,180만원(영업외비용인 이자비용 20만원을 제외한 비용) = 820만원(영업이익)

3. 당기순손익 : 영업이익 820만원 + 영업외수익 3만원(이자수익) − 영업외비용 20만원(이자비용) = 803만원(당기순이익)

기업의 경영성과와 관련하여 마지막으로, 이러한 수익과 비용이 재무상태표에 어떠한 영향을 미치는지 알아보겠습니다. 먼저, 수익을 재무상태와 연관시켜 생각을 해 봅시다. 예를 들어, 피아노학원에서 수강료를 받으면 재무상태는 어떻게 변동될까요? 우선, 현금이라는 자산이 증가하는 것은 다 알 것입니다. 만약에 나중에 받기로 하였더라도 자산의 증가는 마찬가지이며, 채무 등과 상계하기로 하였다면 부채가 감소합니다. 그런데 회계등식이 성립되려면, 이러한 자산의 증가와 더불어 재무상태의 다른 구성요소에 변화가 있어야 합니다. 자, 이 현금은 누구 것이지요? 음악학원의 주인인 원장 것입니다. 즉, 수강료로 받은 현금은 피아노학원의 소유주(주주)인 원장의 몫을 증가시키므로, 자본도 증가됩니다. 따라서 경영활동 과정에서 수익이 발생하면 자산의 증가(또는 부채의 감소)와 자본의 증가가 나타남을 알 수 있습니다.

　　반대로 비용이 발생하는 경우에는 재무상태가 어떻게 변동될까요? 예를 들어, 음악학원에서 강사에게 지급해야 할 월급이 50만원이라고 가정합시다. 만약 이 월급을 현금으로 지급하였다면 음악학원의 자산이 감소할 것이고, 아직 지급하지 않았다면 부채가 증가할 것입니다. 그런데 지급하였거나 지급할 현금은 누구 것인가요? 결과적으로 음악학원의 소유주인 원장의 몫에서 나가는 것입니다. 즉, 음악학원의 소유주인 원장의 몫을 나타내는 자본이 감소하게 됩니다. 정리하면, 비용이 발생하면 자산의 감소(또는 부채의 증가)와 더불어 자본이 감소하게 됩니다.

도표 3-9　기업의 경영성과가 재무상태표에 미치는 영향

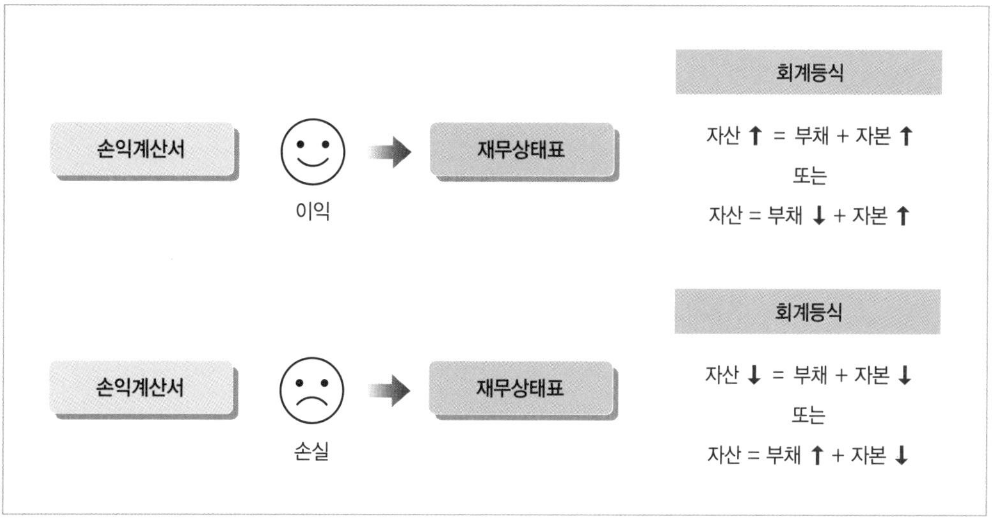

예제 3-3　수익과 비용의 발생이 재무상태표에 미치는 영향

　　한류음악학원은 20×1년 1월 발생한 수익 중 800만원은 현금으로 받았으며, 200만원은 아직 받지 못했습니다. 그리고 이 달에 발생한 각종 비용은 700만원입니다. 비용 중 500만원은 현금으로 지급되었고, 200만원은 아직 지급되지 않았습니다. 이 수익과 비용이 한류음악학원의 손익계산서와 재무상태표에 미치는 영향을 기술하시오.

▌풀이

한류음악학원의 손익계산서에 수익과 비용은 각각 1,000만원과 700만원, 그리고 당기순이익 300만원이 보고됩니다. 한편, 수강료 수익 1,000만원 중 800만원은 현금으로, 200만원은 매출채권으로 재무상태표에 자산의 증가로 나타납니다. 더불어 자본이 1,000만원 증가합니다. 따라서 '자산 1,000만원 증가 = 자본 1,000만원 증가(부채는 변화 없음)'는 회계등식 '자산 = 부채 + 자본'을 성립시킵니다.

비용 700만원 중 500만원은 현금(자산)의 감소로, 200만원은 미지급비용(부채)의 증가로 재무상태표에 나타나며, 더불어 자본이 700만원 감소합니다. 그러므로 '자산 500만원 감소 = 부채 200만원 증가 + 자본 700만원 감소'는 회계등식 '자산 = 부채 + 자본'을 성립시킵니다.

20×1년 1월 동안 자본의 변화만 살펴보면, 수익발생으로 1,000만원이 증가하고 비용발생으로 700만원이 감소하여 결국 300만원이 증가합니다. 그런데 이 300만원이 손익계산서상 바로 당기순이익입니다. 즉, 손익계산서상 당기순이익(손실)은 재무상태표상 자본의 증가(감소)로 나타나는데, 구체적으로 자본의 구성요소 중 이익잉여금을 증가(감소)시킵니다. 이것은 재무제표의 연계성으로 매우 중요한 사항입니다.

제3절 회계감사, 왜 필요할까?

경영자가 회계기준에 따라 작성하여 공시한 재무제표는 정말로 공정하고 믿을 수 있어야 합니다. 그러면, 어떻게 하면 재무제표의 신뢰성을 높일 수 있을까요? 지금까지 고안된 방법 중에서 제일 좋은 방법은 기업과 관계가 없는 외부의 독립된 회계전문가가 재무제표를 감사하여 이에 관한 자신의 의견을 표명하게 하는 것입니다. 이것이 바로 독립된 외부의 감사인인 공인회계사에 의한 회계감사로 외부감사라고 합니다.

하지만 공인회계사로부터 외부감사를 받았다고 해서 기업의 재무제표가 신뢰성이 있는 것은 아닙니다. 왜냐하면, 감사인이 해당 기업의 재무제표에 대해서 어떠한 의견을 표명했는지를 확인하지 않았기 때문이죠. 감사인이 외부감사를 통해 표명하는 의견을 감사의견이라고 합니다.

외부감사, 감사의견 등 좀 복잡하게 느껴지는 이유는 무엇일까요? 대부분의 사람들은 감사인인 공인회계사로부터 회계감사를 받았다고 하면, 공인회계사라고 하는 감사인이 해당 기업의 재무제표를 대신 만들어주거나, 재무제표가 만들어지는 과정에서 잘못된 점이 있으면 수정을 해 주었을 것이라고 생각을 합니다. 하지만, 감사인은 감사의 대상인 피감사인(기업)의 재무제표를 대신 작성해 주거나 수정을 해 주지 않습니다. 즉, 감사인은 기업이 작성한 재무제표가 회계기준에 맞게 작성되었는지 의견을 표명하는 역할만 합니다. 따라서 감사인으로부터 회계감사를 받았다는 것이 중요한 것이 아니라 회계감사를 받은 후에 감사인으로부터 어떤 감사의견을 받았는지가 중요한 것입니다.

감사의견은 '적정', '한정', '부적정', '의견거절'의 네 가지가 있습니다. 먼저 '적정'의견은 회사가 회계처리기준에 따라 재무제표를 작성하고 해당 재무제표를 감사하기 위한 증거자료를 검토한 결과, 중요성의 관점에서 위배사항이 없다는 것을 말합니다. '한정'의견은 회사가 작성한 재무제표가 회계처리기준을 일부 위배하였거나 회계감사를 수행하는 데 필요한 증거를 일부 얻지 못했지만 그 위배 정도 또는 감사범위 제한 정도가 비교적 덜한 경우에 표명하는 의견입니다. '부적정'의견은 회사가 작성한 재무제표가 회계기준을 위배하여 그 사안이 중대한 경우에 표명하는 의견이고, '의견거절'은 감사인이 회계감사를 수행하기 위해 필요한 증거를 얻지 못해 의견을 표명할 수 없거나 기업 존립에 의문이 드는 경우에 표명하는 의견입니다.

주식회사 등의 외부감사에 관한 법률(외감법)에서는 외부감사를 받아야 하는 대상을 명시하고 있으며, 그 대상은 다음과 같습니다.

1. 주권상장법인
2. 해당 사업연도 또는 다음 사업연도 중 주권상장법인이 되려는 회사
3. 직전 사업연도 말 자산, 부채, 종업원 수 또는 매출액 등이 일정 규모 이상인 회사
   가. 직전 사업연도 말의 자산총액이 500억원 이상인 회사
   나. 직전 사업연도의 매출액이 500억원 이상인 회사
   다. 다음의 사항 중 2개 이상에 해당하는 회사
      (1) 직전 사업연도 말 자산총액이 120억원 이상
      (2) 직전 사업연도 말 부채총액이 70억원 이상
      (3) 직전 사업연도의 매출액이 100억원 이상
      (4) 직전 사업연도 말 종업원이 100명 이상

참고로 이와 같은 조건을 만족하여 외부감사대상이 되는 회사 수는 2020년 말 31,744개

기업이며, 이 중 주권상장법인은 2,382개 기업이고, 비상장법인은 29,362개 기업입니다. 즉, 상대적으로 기업규모가 큰 3만여 개의 기업에 대한 재무제표는 여러분들이 언제든 전자공시시스템을 통해 확인이 가능합니다.

위와 같은 역할을 하는 공인회계사는 기업의 재무제표가 분식 없이 회계기준에 따라 작성되었는지를 판단하는 회계전문가로서 사회의 건전한 발전에 지대한 공헌을 합니다. 이 때문에 공인회계사를 '자본주의 파수꾼'이라고도 합니다. 특히, 현대사회에서 공인회계사는 절대적으로 필요한 '전문직업인' 가운데 하나로 확고한 자리매김을 하고 있습니다. 우리나라의 경우에도 경제규모가 확대될수록 공인회계사의 사회적 지위가 더욱 향상될 것으로 전망됩니다. 공인회계사가 제공하는 대표적인 서비스는 회계감사 이외에도 인증, 경영컨설팅, 세무서비스 등이 있습니다. 우리나라에서 공인회계사는 법으로 정해진 1 · 2차 시험을 통과하여야 하며, 이 시험의 응시자격으로 일정 수준 이상의 영어시험 성적과 학점이 요구됩니다.

01 아래 네 기업 중 두 기업에 투자를 한다면, 어느 기업에 투자를 하시겠습니까? 그 이유는 무엇입니까?

	재무상태표			(단위 : 백만원)
	A기업	B기업	C기업	D기업
자 산	13,600	14,900	13,200	13,400
부 채	5,100	5,800	8,100	8,000
자 본	8,500	9,100	5,100	5,400
납 입 자 본	2,900	3,200	3,700	4,400
이익잉여금	2,600	5,900	1,400	1,000

02 다음 두 기업은 총자산이 150억원으로 동일하지만, 유동자산과 비유동자산의 비율이 상이합니다. 두 기업 중 한 기업에만 투자를 한다면, 어느 기업을 선택하시 겠습니까? 그 이유는 무엇입니까?

[A기업]

총자산 150억원

유동자산 50억원

비유동자산 100억원

[B기업]

총자산 150억원

유동자산 100억원

비유동자산 50억원

별첨 재무비율을 알면 기업이 보인다

재무제표를 들여다보면 지난 회계연도 동안 그 기업의 성과를 측정할 수 있을 뿐만 아니라 그 기업의 현재 상태를 진단할 수도 있습니다. 이에 본 별첨에서는 재무제표의 세부적인 구성요소에 대한 분석, 즉 재무비율분석을 통해 기업을 들여다보는 방법에 대해 알아보기로 하겠습니다. 먼저 재무비율분석에서 가장 기본적으로 사용되는 안전성과 수익성분석을 살펴보도록 하겠습니다.

1. 안전성분석

안전성분석은 그 기업의 재무상태가 얼마나 양호한지를 측정하는 것으로서 주로 유동비율(단기적인 채무지급능력)이나 부채비율(장기적인 채무지급능력) 등에 대한 분석을 통해 재무구조적인 안전성을 측정하는 방법입니다.

유동비율은 유동자산이 유동부채의 몇 배에 해당하는지를 비율로 나타낸 것으로서 단기부채의 상환능력을 평가하는 방법입니다. 보통 200% 이상을 양호한 것으로 보는데, 이는 1년 내에 갚아야 할 단기채무(유동부채)가 100원이라면 1년 안에 현금화될 수 있는 자산(유동자산)은 2배인 200원 이상을 보유하고 있어야 이상적이라고 할 수 있습니다.

$$유동비율 = \frac{유동자산}{유동부채} \times 100(\%)$$

한편, 부채비율은 기업의 자금조달원천 중 타인자본과 자기자본의 구성비를 나타낸 것으로, 이를 통해 자기자본에 비해 타인자본이 너무 과다하지 않은지의 여부를 알 수 있습니다. 즉, 기업의 장기적인 지급능력을 측정하는 데 이용되는 비율입니다. 여기에서 타인자본의 지나친 사용이 기업의 안전성을 해치는 이유는 타인자본 사용에 따른 이자비용의 부담 때문입니다. 부채비율이 클수록 갚아야 할 부채가 자본에 비해 상대적으로 크므로 영업활동과 무관하게 고정적으로 지급하여야 하는 이자비용의 부담이 커지게 됩니다. 따라서 채권자에 대해 이자와 원금을 갚지 못할 위험이 증가한다고 볼 수 있습니다. 이러한 부채비율은 100% 이하일 때 장기적인 안전성 측면에서 이상적이라고 평가합니다. 그러나 현실에서는 해당 기업이 속해 있는 업종이 제조업인지 건설업인지 등에 따라 이상적인 부채비율이 다를 수 있으며 시대적 상황에 따라 기준이 달라질 수도 있습니다.

$$부채비율 = \frac{부채}{자기자본} \times 100(\%)$$

다음은 우리나라의 IMF 외환위기 직후 기업구조조정과 관련하여 기준으로 사용되었던 부채비율에 대한 내용입니다. 이에 대해 이상적인 부채비율과 현실에서 적용 가능한 부채비율에 대해 생각해 보시기 바랍니다.

회계사례 — **"부채비율 200% 넘을 땐 도태" 내년 말까지…**

정부는 강도 높은 기업재무구조 개선 시책을 추진, 내년 말까지 부채비율(자기자본 대비)을 200% 이내로 맞추지 못하는 대기업은 「부실기업」으로 간주해 각종 불이익을 받게 할 방침이다. 또 특정 재벌의 은행 소유를 계속 금지하고 종소기업지원 특별대책과 금융시장 활성화 방안을 마련키로 했다.

이헌재 금융감독위원장은 1일 금감위 출범과 함께 가진 기자간담회에서 이같이 '부채비율 축소 등 은행을 통한 기업구조조정을 선택이 아닌 생존의 문제'라고 강조, 기업구조조정이 재계의 반대에도 불구하고 강력히 추진될 것임을 분명히 했다.

(K신문 기사 편집)

---

2. 수익성분석

기업의 수익성분석은 기업의 존속은 물론 성장과 발전의 원동력이 되고 있으며, 기업의 궁극적인 목적은 이익을 내는 것이므로 재무적인 안전성 못지 않게 매우 중요시되고 있습니다. 안전성분석이 채권자나 금융기관에서 중시되는 데 반해, 수익성분석은 기업이 가진 자본을 바탕으로 얼마의 수익을 거두었는가를 알아보는 수치로 주로 자기자본이익률(ROE)이나 총자산이익률(ROA) 등에 대한 분석을 통해 재무구조적인 수익성을 측정하는 방법입니다.

먼저 자기자본이익률(Return On Equity : ROE)은 주주들에 의하여 출자된 자본이 얼마나 이익을 내고 있는지 나타내는 것으로서 다른 사람 또는 다른 투자와 비교할 수 있는 수치를 제공해 줍니다. 이론상으로는 자기자본이익률이 높으면 높을수록 좋겠지만, 현실에서는 최소한으로 요구되는 수익률의 개념으로서 사용되며 최소한 시중 은행의 실세금리보다는 높아야 합니다. 예를 들어, 자기자본이익률이 8%인데 은행의 정기예금 이자율이 15%라면 같은 돈을 가지고 사업한 것보다는 은행에 예금하는 것이 더 합리적인 의사결정임을 알 수 있을 것입니다.

$$자기자본이익률 = \frac{당기순이익}{평균자기자본} \times 100(\%)$$

* 위 식에서 평균자기자본은 기초자기자본과 기말자기자본의 합계를 2로 나누어 1년 동안의 평균적인 자기자본을 계산하는 것입니다.

금융상식　　**워런 버핏의 투자법칙**

워런 버핏은 경영실적에 대한 평가의 가장 중요한 기준으로 자기자본이익률(ROE)을 꼽았습니다. 장기적으로 ROE가 20%를 넘어선다면(이는 자기자본을 갖고 20% 이상의 이익을 매년 지속적으로 낼 수 있다는 의미입니다.), 복리효과를 감안할 경우 수익률은 10년 뒤엔 519%, 20년 뒤에는 3,733%가 된다고 보았습니다. 즉, 1억원의 순자산이 10년 뒤에는 5억 2,000만원이 되고, 20년 뒤엔 38억원으로, 30년 뒤에는 237억원으로 늘어난다는 이야기입니다. 이런 조건을 갖춘 기업이 바로 장기투자에 가장 적합한 회사라고 버핏은 조언합니다.

한편, 총자산이익률은 회사가 가진 총자산으로 거두어들인 수익에 해당하는 당기순이익의 비율이 얼마나 되는지를 알아보는 수치입니다. 총자산이익률이 중요하게 여겨지는 이유는 총자산이라는 뜻에서 알 수 있듯이 회사가 주주로부터 투자받은 자본과 은행을 비롯한 각종 금융기관으로부터 빌린 부채를 활용하여 얼마나 수익을 얻는가를 나타내게 되기 때문입니다.

$$총자산이익률 = \frac{당기순이익}{평균총자산} \times 100(\%)$$

* 위 식에서 평균총자산은 기초총자산과 기말총자산의 합계를 2로 나눈 것으로, 1년 동안의 평균적인 총자산을 계산하는 것입니다.

다음 사례를 통하여 은행업종에서 ROA 1%가 갖는 의미를 파악해 보기 바랍니다.

회계사례   '이자 놀이'로 배불린 은행들

은행들이 높은 예대금리차를 이용해 '이자 놀이'에 나서면서 은행들의 총자산이익률(ROA)이 '우량은행'의 기준이라 할 수 있는 1%대로 다시 올라섰다. 선진 금융회사들은 ROA가 1%를 넘으면 장사를 잘 했다는 평가를 받는데, 우리의 경우 이들처럼 특별한 금융기법보다는 예대금리차에 의존한 것이 대부분이라는 점에서 은행들의 수익성 호전을 반가운 눈으로만 바라볼 수 없는 것이 현실이다.

12일 금융계에 따르면 글로벌 금융위기로 추락했던 국내 은행들의 ROA가 올해 다시 1%대로 복귀할 것으로 전망된다. 금융감독 당국의 관계자는 "지난 1·4분기를 포함해 상반기 주요 은행의 ROA가 1%를 넘은 것으로 추정된다"고 했다. 업계에서도 은행권의 올해 수익 전망을 추정해 볼 때 ROA 1% 복귀는 무난할 것으로 보고 있다.

ROA는 순이익을 총자산으로 나눈 것이다. 국내 은행들의 수익 기반이 예대마진임을 감안하면 ROA가 상승한다는 것은 은행이 금리장사로 돈을 많이 벌어들인다는 뜻이다. 금감원의 관계자는 "ROA 1%라는 게 공식적으로 정해진 것이 아니어서 1%가 넘는다고 이자장사를 많이 했다고 단정짓기는 어려움이 있다며 그렇지만 은행들의 금리책정 과정에 문제가 없는지는 살펴보고 있다"고 밝혔다.

(S경제 기사 편집)

제 4 장

현금을 받았는데
수익이 아니라고?

제 4 장의 학습목표는 기업의 경영성과를 어떻게 평가하는지 이해함에 있습니다.

이러한 학습목표를 달성하기 위해 다음의 내용을 학습하겠습니다.

첫째, 발생주의와 현금주의에 대해 알아보겠습니다.
둘째, 수익과 비용의 인식기준을 알아보겠습니다.
셋째, 매출채권과 매입채무에 대해 알아보겠습니다.

제1절 | 현금주의와 발생주의의 차이는?

기업이 경영활동을 수행하는 과정에서 수익과 비용이 발생됩니다. 회계에서는 그 기업의 기간별 경영성과와 그 기간 말의 재무상태를 측정하기 위하여 수익과 비용을 화폐금액으로 측정하여 장부에 기록합니다. 각 기간의 경영성과와 그 기간 말의 재무상태를 정확하게 측정하기 위하여 장부를 각 회계기간별로 구분하여 기록합니다. 그러므로 발생된 수익과 비용이 어느 회계기간에 속하는지를 파악하여 해당 기간의 수익과 비용으로 기록하여야 합니다. 이처럼 재무제표에 어떤 항목으로 나타내는 것을 인식이라고 합니다.

기업이 경영활동을 수행하는 과정에서 현금의 수입과 지출이 빈번하게 발생하게 됩니다. 제2장에서 수익과 비용에는 현금뿐만 아니라 외상금액도 포함된다고 설명하였습니다. 그런데 수익과 비용을 인식하는 기준에는 현금주의와 발생주의가 있습니다. 현금주의란 현금의 수입이 이루어졌을 때 수입액을 수익으로 인식하고 현금지급이 이루어졌을 때 지급액을 비용으로 인식하는 방법으로서 거래 과정상 벌어지는 일련의 사건 중 수입과 지급에 초점을 맞추고 있습니다.

이에 반하여 발생주의는 수익과 비용을 현금의 수입과 지급 시점이 아닌 손익거래의 발생 시점에서 인식하는 방법으로서, 거래 과정상 벌어지는 일련의 사건 중 상품인도나 용역 제공에 초점을 맞추고 있습니다. 일상생활에서는 주로 현금주의에 의해 수익과 비용을 인식하지만 회계에서는 발생주의에 따라 수익과 비용을 인식합니다. 이는 현금이 들어왔다고 하여 그때에 전부 수이으로 인식하지 않고, 현금이 지급되었다고 해서 그때에 전부 비용으로 인식하지 않는다는 뜻입니다. 회계에서는 발생주의에 의해 수익과 비용의 개념을 미리 정해 놓고 이 개념에 부합하는 수익과 비용이 발생했을 때 이것을 화폐로 측정하여 기록하게 됩니다. 현금주의와 발생주의의 이해를 돕기 위해 간단한 예를 들어 설명하겠습니다.

㈜대한상사는 20×1년에 상품을 600,000원에 현금매입하여 800,000원에 판매하였는데, 600,000원은 현금판매, 200,000원은 외상판매였습니다. 또한 20×2년에는 상품을 1,200,000원에 현금매입하여 1,500,000원에 판매하였는데, 500,000원은 현금판매, 1,000,000원은 외상판매였습니다. 외상매출금은 판매한 연도에 50%를 회수하고 나머지는 다음 연도에 전부 회수하였습니다. 현금주의와 발생주의에 의한 20×1년, 20×2년 및 20×3년의 순이익을 계산하면 각각 얼마나 될까요?

먼저 현금주의에 의한 각 연도의 순이익을 계산하면 다음과 같습니다. 한 가지 명심할 점은 현금수입이 바로 수익이며 현금지급이 바로 비용이라는 것입니다. 현금주의에 의할 때 20×1년도의 현금수익은 현금판매액 600,000원과 외상판매 회수액 100,000원(200,000원의 50%)을 합한 700,000원이 됩니다. 그리고 비용은 당해 연도 현금매입액 600,000원입니다. 따라서 현금주의에 의한 20×1년 순이익은 수입액 700,000원에서 지급액 600,000원을 차감한 100,000원이 됩니다. 한편, 20×2년도의 수익은 현금판매액 500,000원과 20×2년 외상판매 회수액 500,000원(1,000,000원의 50%) 및 20×1년도 외상판매 회수액 100,000원(200,000원의 50%)을 합한 1,100,000원이 됩니다. 그리고 비용은 당해 연도 현금매입액 1,200,000원입니다. 따라서 현금주의에 의한 20×2년도의 순이익은 수입액 1,100,000원에서 지급액 1,200,000원을 차감한 −100,000원이 됩니다. 즉, 순손실 100,000원입니다. 마지막으로 20×3년도의 수익은 20×2년 외상판매 회수액 500,000원(1,000,000원의 50%)이 되고 지급액은 없기 때문에 비용이 0이므로 현금주의에 의한 20×3년도의 순이익은 500,000원이 됩니다. 현금주의에 의한 각 연도의 순손익을 요약하면 〈도표 4-1〉과 같습니다.

도표 4-1 현금주의에 의한 연도별 순손익

구 분	20×1년	20×2년	20×3년	합 계
수 익	700,000원	1,100,000원	500,000원	2,300,000원
비 용	600,000원	1,200,000원	0원	1,800,000원
이익(손실)	100,000원	(100,000원)	500,000원	500,000원

발생주의는 현금의 수입과 지출에 관계없이 수익과 비용이 발생된 시점에서 수익과 비용을 인식하게 됩니다. 위의 예에서 발생주의에 따른 수익은 상품이 판매되었을 때 판매된 상품의 판매가액을 수익으로 인식합니다. 이때 비용은 수익과의 인과관계에 따라 관련 수익을 인식하는 기간에 관련 비용을 인식하게 되는데, 위의 예에서는 매출액을 인식하는 기간에 매출원가를 비용으로 인식하게 됩니다.

발생주의에 의한 20×1년도의 수익은 당해 연도 판매액 800,000원이 되며, 비용은 판매된 상품의 취득원가(매출원가) 600,000원이 됩니다. 따라서 발생주의에 의한 20×1년 순이익은 수익 800,000원에서 비용 600,000원을 차감한 200,000원이 됩니다. 그리고 20×2년도의 수익은 당해 연도 판매액 1,500,000원, 비용은 매출원가 1,200,000원이므로 20×2년도의 순이익은 300,000원이 됩니다. 마지막으로 20×3년도의 경우에는 판매가 없었으므로 수익이 0이며 이와 관련된 매출원가도 0입니다. 따라서 20×3년도의 순손익은 0이 됩니다.

도표 4-2 발생주의에 의한 연도별 순손익

구 분	20×1년	20×2년	20×3년	합계
수 익	800,000원	1,500,000원	0원	2,300,000원
비 용	600,000원	1,200,000원	0원	1,800,000원
이익(손실)	200,000원	300,000원	0원	500,000원

이처럼 현금주의와 발생주의의 근본적인 차이는 수익과 비용을 언제 인식하느냐 하는 문제입니다. 즉, 수익과 비용의 인식시점의 차이입니다. 위의 예제에서 현금주의와 발생주의에 의한 3년 전체 기간의 수익과 비용 및 이익 합이 일치하게 됨을 다음의 〈도표 4-3〉에서 확인할 수 있습니다. 이는 어떤 인식기준을 적용하더라도 전 기간 측면에서 보면 모두 동일하다는 의미입니다.

현금주의에 따라 작성된 기업의 재무제표는 기업의 현금흐름을 중심으로 작성되기 때문에 기업의 재무상태와 일정 기간 동안의 경영성과를 정확히 측정할 수 없습니다. 그러나

구　분	현금주의 순이익	발생주의 순이익
20×1년	100,000원	200,000원
20×2년	(100,000원)	300,000원
20×3년	500,000원	0원
합　계	500,000원	500,000원

발생주의에 의할 때 기업의 재무상태와 경영성과를 정확히 측정할 수 있게 됩니다. 이 점을 확인하기 위하여 아주 간단한 예를 들어 보겠습니다. 중앙서점은 서적 100권을 총 1,500,000원에 현금으로 구입하여 이 중 80권을 1,600,000원에 현금을 받고 팔았습니다. 이 경우에 현금주의에 따른 경영성과는 이익 100,000원(매출액 1,600,000원－매출원가 1,500,000원)이며 서적(자산)은 0원입니다. 그러나 발생주의에 따른 경영성과는 이익 400,000원(매출액 1,600,000원－매출원가 1,200,000원)이며 서적(자산)은 300,000원입니다. 이처럼 현금주의에 따른 회계처리는 수익과 비용을 정확하게 측정하지 못하므로 현행 회계처리의 근간은 발생주의입니다.

제2절 수익과 비용은 언제 기록될까?

1. 수익은 언제 기록될까?

일반적으로 수익은 기업의 본업인 영업활동과 관련된 매출액과 투자나 재무 등 부수적 활동과 관련된 영업외수익으로 구분합니다. 매출액은 기업의 정상적인 영업활동에서 발생한 제품, 상품, 용역 등을 제공한 대가로 받은 또는 받을 금액을 말합니다. 다시 말해, 기업의 본업에서 상품이나 제품의 판매, 용역의 제공을 통하여 획득한 판매금액을 말합니다. 따라서 매출액은 그 기업의 주된 영업활동인 본업에 따라 달라집니다. 예를 들어, ㈜중앙의료원의 매출액은 병원 진료 및 수술 등을 제공하고 받은 의료수입이 되며, 현대자동차의 매출액은 자동차 판매금액이 됩니다.

영업외수익은 투자활동과 재무활동에서 발생합니다. 예를 들어, 투자활동에 따라 나타난 예금이나 대여금 등에서 발생하는 이자수익, 타사 주식에 투자하여 받는 배당금수익, 건물이나 토지 등을 빌려주고 받는 임대수익 등이 있습니다. 또한, 단기간 보유하고 있던 주식이나 사채의 처분에서 발생하는 유가증권처분이익과 토지와 건물 등 유형자산의 처분에서 발생하는 유형자산처분이익 등이 있습니다.

수익의 인식은 아래 그림과 같이 5단계 절차에 따라 이루어집니다.

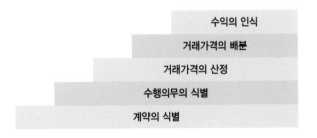

중앙컴퓨터는 회계 동영상 수업이 내장되어 있는 태블릿 PC인 "회계천재"를 판매하고 있

다고 가정해 봅시다. 태블릿 PC와 회계 동영상 수업을 따로 구매하는 경우 태블릿 PC의 가격은 100만원이고, 회계 동영상 수업의 가격은 50만원입니다. 그러나 회계 동영상 수업이 내장되어 있는 태블릿 PC를 구매하는 경우 가격은 120만원입니다.

회계 동영상 수업은 구매 후 2년 간 시청이 가능하며, 2년 후에는 더 이상 동영상을 시청할 수 없습니다. 이와 같은 가격에는 부가가치세(VAT) 10%가 포함되지 않은 가격이며, 부가가치세를 포함하는 경우 태블릿 PC 110만원, 회계 동영상 수업 55만원, 회계 동영상 수업 내장 태블릿 PC 132만원인 경우 수익의 인식은 어떻게 이루어지는지 살펴봅시다.

Step1: 계약의 식별

회계천재의 고객은 일반인뿐만 아니라 회계학원과 같은 기업도 고객이 될 수 있습니다. 만약 일반인에게 1개의 회계천재를 판매하고자 하는 경우에는 별도의 계약서를 작성하지 않고 판매하겠지만, 기업에 대량의 회계천재를 판매하고자 하는 경우에는 계약서를 작성할 것입니다. 계약서의 작성 여부와 상관없이 판매행위가 이루어지게 되면 중앙컴퓨터는 고객에게 회계천재를 인도해야 하며, 고객으로부터 돈을 받거나 돈을 받을 권리가 발생하게 됩니다.

이처럼 계약의 식별은 서면, 구두, 사업관행에 따른 암묵적 합의 등의 다양한 형태를 통해 둘 이상의 당사자들에게 권리와 의무가 발생하는 것을 말합니다. 즉, 중앙컴퓨터는 고객으로부터 채권이 발생하면서 회계천재를 인도해야 하는 의무가 발생하고, 고객은 중앙컴퓨터에 채무가 발생하면서 회계천재를 받아야 하는 권리가 발생합니다.

Step2: 수행의무의 식별

동영상 수업이 탑재된 회계천재를 구매한 고객에 대하여 중앙컴퓨터는 고객에게 태블릿 PC를 인도함과 동시에 향후 2년 간 회계 동영상 수업을 제공해야 할 의무가 발생하게 됩니다. 반면, 고객이 동영상 수업만 구매를 하는 경우 중앙컴퓨터는 태블릿 PC를 인도해야 하는 의무는 없고 향후 2년 간 회계 동영상만 제공하면 됩니다. 이처럼 기업이 계약의 식별을 통해 수행해야 하는 의무는 한 시점에 이행하는 수행의무(태블릿 PC)뿐만 아니라 기간에 걸쳐 이행하는 수행의무(회계 동영상 수업)가 존재합니다.

Step3: 거래가격의 산정

부가가치세를 포함하여 132만원에 회계천재를 판매하는 경우 중앙컴퓨터는 고객으로부터 132만원을 받을 권리가 발생하게 됩니다. 그러나 132만원에는 부가가치세가 12만원 포함되어 있는데, 이와 같은 부가가치세는 고객이 부담해야 하는 세금을 중앙컴퓨터가 잠시 받아두었다가 국세청에 납부하는 세금이기 때문에 중앙컴퓨터의 수익은 아닙니다. 따라서 부가가치세는 거래가격에 포함하지 않습니다. 만약 120만원이라고 하는 금액을 고객이 바로 지급한다면 문제는 없겠지만, 고객이 2년 간 할부로 지급을 할 수도 있을 것입니다. 이러한 경우 중앙컴퓨터는 이자를 고려한 금액을 2년 간 고객으로부터 받을 것입니다.

이처럼 거래가격은 고객에게 약속한 재화나 용역을 이전하고 그 대가로 기업이 받을 권리를 갖게 될 것으로 예상하는 금액을 의미하며, 제3자를 대신해서 받은 부가가치세는 제외합니다. 또한 거래가격은 고정금액, 변동금액 또는 고정금액과 변동금액을 모두 포함할 수 있습니다.

Step4: 거래가격의 배분

PC와 동영상 수업을 따로 판매하는 경우 중앙컴퓨터의 태블릿 PC 가격은 100만원이고, 회계 동영상 수업의 가격은 50만원입니다. 그러나 회계 동영상 수업이 내장되어 있는 태블릿 PC의 가격은 120만원입니다. 따라서 80만원$\left(\dfrac{100}{(100+50)}\right)$은 태블릿 PC의 거래가격으로 볼 수 있으며, 40만원$\left(\dfrac{50}{(100+50)}\right)$은 회계 동영상 수업의 거래가격으로 볼 수 있습니다. 120만원인 회계천재에 대해서 80만원은 태블릿 PC 거래가격, 40만원은 회계 동영상 수업 거래가격으로 각각 거래가격을 구분하는 이유는 무엇일까요? 태블릿 PC와 회계 동영상 수업에 대한 수행의무가 다르기 때문입니다. 즉, 태블릿 PC의 거래가격인 80만원은 거래시점에 수익으로 인식하지만, 회계 동영상 수업에 대한 수익은 거래시점으로부터 2년 간 인식하는 것입니다.

이처럼 거래가격을 배분하는 목적은 기업이 고객에게 약속한 재화나 용역을 이전하고 그 대가로 받을 권리를 갖게 될 금액을 나타내는 금액으로 각 수행의무(또는 구별되는 재화나 용역)에 거래가격을 배분하는 것입니다.

Step5: 수익의 인식(수익인식 시기 결정)

20×1년 초 중앙컴퓨터가 고객에게 회계천재를 인도하는 경우 중앙컴퓨터가 연도별 인식하게 되는 수익은 다음과 같습니다.

20×1년 : 80만원(태블릿 PC)＋20만원(회계 동영상 시청 1년 분)

20×2년 : 20만원(회계 동영상 시청 1년 분)

만약, 20×1년 7월 1일 중앙컴퓨터가 고객에게 회계천재를 인도하는 경우에는 어떻게 될까요? 회계 동영상 수업은 기간에 걸쳐 이행되는 수행의무이기 때문에 수익을 월할 계산하게 됩니다.

20×1년 : 80만원(태블릿 PC)＋20만원(회계 동영상 시청 6개월 분)
20×2년 : 20만원(회계 동영상 시청 1년 분)
20×3년 : 10만원(회계 동영상 시청 6개월 분)

이처럼 중앙컴퓨터는 앞의 계약의 식별, 수행의무의 식별, 거래가격의 산정 및 거래가격의 배분의 단계를 거쳐 수익을 인식하게 되는 것입니다.

2. 비용은 언제 기록될까?

비용은 수익을 획득하기 위하여 희생된 경제적 자원의 소비액입니다. 즉, 수익을 얻기 위하여 사용한 재화나 용역의 원가를 말합니다. 그럼, 이 비용은 언제 인식될까요? 비용의 인식이란 발생된 비용을 화폐금액으로 측정하여 어느 기간의 비용으로 기록할 것인가를 결정하는 것입니다. 비용인식도 수익과 마찬가지로 원칙적으로 발생주의에 따라 비용이 발생되었을 때 인식합니다. 그러나 현실적으로 이를 엄격히 적용하는 것이 어렵기 때문에 일반적으로 비용은 수익발생에 대응하여 인식합니다. 즉, 비용은 관련 수익이 인식되는 회계기간에 인식한다는 것입니다. 이와 같이 수익과의 인과관계에 따라 비용을 인식하는 것을 수익·비용 대응의 원칙이라고 합니다.

예를 들어, 매출액과 매출원가와 같이 특정 수익과 비용이 서로 직접적인 인과관계가 있는 경우에는 매출액(수익)을 인식하는 기간에 매출원가(비용)를 인식함으로써 수익과 비용을 동일한 기간에 직접 대응시켜 기간손익을 결정합니다. 그런데 특정 기간의 수익과 직접적인 인과관계는 없지만 간접적인 인과관계가 있는 경우에는 체계적이고 합리적인 배분 방법에 의하여 비용을 인식하기도 합니다. 체계적이고 합리적인 배분 방법에 의하여 인식하는 비용의 대표적인 예로는 감가상각비가 있습니다.

한편, 특정 기간의 수익과 직·간접적인 인과관계가 전혀 없는 비용은 발생한 기간에 전액 비용으로 인식합니다. 대부분의 비용은 수익과의 인과관계를 파악하기가 어렵기 때문에 발생 즉시 비용으로 인식하게 됩니다. 예를 들어, 광고선전비, 사무직원의 급여, 식대비 등 대부분의 비용은 매출액을 직접 증가시키는 효과를 신뢰성 있게 측정할 수 없기 때문에 발생한 기간에 즉시 비용으로 인식합니다.

제3절 피할 수 없는 외상거래, 어떻게 처리할까?

기업이 사업을 하다 보면 현금의 수취나 지급 없이 재화를 판매하거나 구매하는 등 외상거래를 할 수밖에 없습니다. 그런데 현행 회계의 근간은 발생주의이므로 이러한 외상거래에 의한 수익과 비용을 발생기간에 인식하여야 하며 나아가 이와 관련된 채권과 채무를 반영하여 그 기간의 재무제표를 작성하여야 합니다.

재고자산을 외상으로 판매하면 나중에 외상대금을 받을 권리를 나타내는 매출채권이, 그리고 외상으로 구입하면 나중에 외상대금을 줄 의무를 나타내는 매입채무가 증가합니다. 또한 재고자산 이외의 자산을 외상으로 판매하면 미수금이, 그리고 외상으로 구입하면 미지급금이 증가합니다. 한편, 용역을 외상으로 제공하면 미수수익이, 그리고 외상으로 제공받으면 미지급비용이 증가합니다. 매출채권과 미수금 및 미수수익은 자산에 해당되고, 매입채무와 미지급금 및 미지급비용은 부채에 해당됩니다.

도표 4-4 외상거래에 의한 채권과 채무의 재무상태표 표시

부분 재무상태표

(주) 대한상사	20×1. 12. 31.		(단위 : 원)
자 산	금 액	부채와 자본	금 액
매출채권	×××	매 입 채 무	×××
미 수 금	×××	미 지 급 금	×××
미수수익	×××	미지급비용	×××

1. 매출채권과 매입채무

일반적으로 상품을 사고파는 거래를 할 때 그 대금의 지급은 주로 현금이지만 거래가 빈번하게 발생되어 판매자와 매입자 간에 신용이 생기게 되면 외상거래를 하게 됩니다. 상품이나 제품을 구두약속인 외상으로 판매하게 되면 판매자는 판매대금을 받을 수 있는 권리를 취득하게 됩니다. 이러한 권리를 외상매출금이라고 하며, 판매자는 이를 자산으로 기록해야 합니다. 반대로 상품을 외상으로 매입하면 매입자는 매입대금을 지급할 의무를 부담하게 됩니다. 이러한 의무를 외상매입금이라고 하며, 매입자는 이를 부채로 기록해야 합니다.

매입자의 신용에 의문이 생기거나 판매대금이 일정 금액을 상회하면, 판매자는 대금을 안전하게 회수하기 위한 조치를 취하고자 합니다. 즉, 구두약속이 아닌 문서약속을 요구합니다. 이에 따라 나타나는 것이 바로 대금을 언제 주겠다고 약속하는 증권인 어음입니다. 매입자가 아래의 견본과 같은 어음을 발행하게 되면 판매자는 어음상의 권리나 의무를 법적으로 보장받기 때문에 판매대금을 안전하게 회수할 수 있습니다.

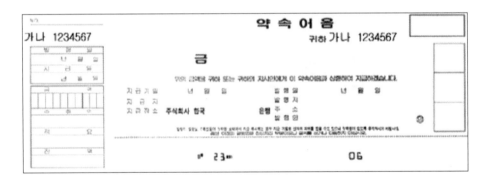

상품을 판매하고 매입자가 발행한 약속어음을 받은 판매자는 어음에 기재된 날짜에 어음대금(이는 판매대금임)을 받을 권리를 취득하게 됩니다. 이러한 권리를 받을어음이라고 하며 판매자는 이를 자산으로 기록합니다. 반면에, 상품을 매입하고 어음에 기재된 날짜에 어음대금(이는 매입대금임)을 지급하겠다고 약속한 어음을 발행한 매입자는 어음대금을 지급할 의무를 부담하게 됩니다. 이러한 의무를 지급어음이라고 하며 매입자는 이를 부채로 기록합니다. 현행 회계기준에서는 재무상태표에 외상매출금과 받을어음을 합하여 매출채권으로, 그리고 외상매입금과 지급어음을 합하여 매입채무로 표시하도록 규정하고 있습니다.

그런데 신용판매에 따라 나타난 모든 매출채권이 회수된다고 확신할 수 없습니다. 따라서 판매자는 매출채권 중에서 회수되지 못할 것으로 예상되는 금액을 손익계산서에 대손상각비라는 비용으로 인식합니다. 또한, 매출채권을 정확하게 측정하기 위해 재무상태표에는 동일한 금액을 대손충당금으로 인식하여 매출채권 총액에서 차감하는 형식으로 표시합니다. 여기서 신용으로 판매하였으나 대금을 회수하지 못하는 것을 대손이라 하는데, 이는 불량채권을 의미합니다.

예를 들어, 어떤 의류판매기업의 결산일 현재 매출채권 잔액이 1,000,000원인데, 거래처의 부도 등으로 인하여 매출채권의 2% 정도는 대손이 발생한다는 사실을 알았습니다. 이 경우에 이 기업은 대손예상액 20,000원을 대손상각비라는 비용으로 인식하고, 또한 대손충당금 계정의 증가로 기록하여야 합니다. 그래야만 당해 기간의 기간손익과 기말의 재무상태가 정확하게 측정됩니다.

한편, 매출채권 총액은 1,000,000원이지만 대손예상으로 인하여 미래의 현금회수예상액은 980,000원이기 때문에 재무상태표에는 매출채권이 980,000원으로 기록되어야 합니다. 그런데 현재 시점에서는 대손이 발생한 것은 아니기 때문에 매출채권에서 직접 20,000원을 차감하는 것이 아니라, 대손충당금이란 계정을 사용하여 다음에서 보는 바와 같이 매출채권 총액에서 차감하는 형식으로 표시하게 됩니다.

도표 4-5 매출채권과 대손충당금의 표시

	부분 재무상태표	
××기업	20×1. 12. 31.	(단위 : 원)
자산 :		
유동자산		
매 출 채 권	1,000,000	
대손충당금	(20,000)	980,000

위와 같이 표시하면 회계정보이용자들은 이 기업의 20×1년 12월 31일 현재 매출채권 총액은 1,000,000원인데, 미래의 현금회수예상액은 980,000원이라는 것을 알 수 있게 됩니다. 이러한 방식으로 표시하는 것이 매출채권 순액만 표시하는 것보다 더 유용한 정보를 제공할 수 있어서 좋습니다.

대부분의 기업은 매출을 증대시키기 위한 일환으로 신용판매를 하고 있기 때문에 매출채권의 규모와 관리의 중요성이 증가하고 있습니다. 기업이 신용판매를 증가시키면 매출액은 늘어나지만, 매출채권이 증가하면 현금흐름이 나빠지고 회수불능 위험(대손위험)이 증가하게 됩니다. 따라서 신용제공기간 등 제반 신용정책은 이들을 종합적으로 고려하여 수립되어야 합니다. 특히, 불황기에는 매출채권의 회수기간이 늘어나게 되며 대손발생 위험이 증가하게 되고 실제로 대손율이 증가합니다.

2. 미수금과 미지급금, 미수수익과 미지급비용

기업의 일반적 상거래와 관련하여 발생하는 채권과 채무는 매출채권과 매입채무로 기록합니다. 여기서 일반적 상거래란 회사의 사업 목적달성을 위한 정상적인 영업활동에서 발생하는 거래를 말합니다. 예를 들어, 제조기업의 제품의 제조와 판매, 상기업의 상품판매로 인하여 발생한 거래가 일반적 상거래입니다.

일반적 상거래 이외의 거래에서 발생하는 채권과 채무는 미수금과 미지급금 또는 미수수익과 미지급비용으로 기록합니다. 예를 들어, 토지, 건물, 기계장치 등과 같은 비유동자산을 외상으로 판매할 때 발생하는 채권은 미수금으로 기록하며, 위와 같은 자산을 외상으로 구입할 때 발생하는 채무는 미지급금으로 기록합니다. 부동산 임대, 금전대여와 같은 용역을 외상으로 제공할 때 발생하는 채권은 미수수익이라고 하며, 위와 같은 용역을 외상으로 제공받을 때 발생하는 채무는 미지급비용으로 기록합니다.

3. 선급금과 선수금, 선급비용과 선수수익

기업은 재화나 용역을 매매할 경우에 현금거래와 신용거래도 하지만 때로는 물건을 주고받기 전에 계약금 등의 명목으로 대금을 미리 주고받는 경우도 있습니다. 일반적으로 대금을 미리 주는 것을 선급이라고 하고 미리 받는 것을 선수라고 합니다. 회계에서도 이러한 관점에 입각하여 이들을 기록합니다.

재화를 매입하고자 주문을 하거나 계약을 체결하고 재화를 받기 전에 그 대금의 일부 또는 전부를 미리 준 경우에 매입자는 나중에 재화를 받을 권리를 취득합니다. 이러한 권리를 선급금이라고 하며 매입자는 이를 자산의 증가로 차변에 기록합니다. 그리고 재고자산의 판매주문을 받거나 계약을 체결하고 재화를 주기 전에 그 대금의 일부 또는 전부를 미리 받은 경우에 판매자는 나중에 재화를 줄 의무를 부담합니다. 이러한 의무를 선수금이라고 하며 판매자는 이를 부채의 증가로 대변에 기록합니다.

재화의 경우와 마찬가지로, 용역(서비스)의 경우에도 용역을 제공하거나 받기 전에 그와 관련된 대금을 미리 주고받는 경우가 있습니다. 이러한 거래도 재화의 경우와 동일한 논리로 기록하는데, 그 명칭이 다릅니다.

용역을 제공받기 전에 대금을 미리 준 경우에 용역의 구입자는 나중에 용역을 제공받을 권리를 취득합니다. 이러한 권리를 선급비용이라 하며, 구입자는 이를 자산의 증가로 차변에 기록합니다. 한편, 용역을 제공하기 전에 대금을 미리 받은 경우에 용역의 제공자는 나중에 용역을 제공할 의무를 부담합니다. 이러한 의무를 선수수익이라 하며, 제공자는 이를 부채의 증가로 대변에 기록합니다.

대금을 미리 주고 받은 거래 당사자들은 이후에 관련 사항을 이행할 것입니다. 관련 사항이 이행되면 거래 당사자들의 권리(선급금 또는 선급비용)와 의무(선수금 또는 선수수익)가 소멸되는 동시에 비용과 수익이 발생됩니다.

20×1년 초 설립한 (주)중앙은 20×1년 말 매출채권 1,000,000원에 대하여 2%의 대손이 발생될 것이라 판단하고, 대손충당금에 대한 회계처리를 하였다. 20×2년 말 동 매출채권 1,000,000원에 대한 대손이 5% 발생될 것이라고 판단되는 경우 20×2년 말 인식할 대손상각비는 얼마인가?

┃ 풀이

20×1 말 대손충당금 설정을 위한 분개
차변) 대손상각비 20,000원   대변) 대손충당금 20,000

20×2 말 대손충당금 설정을 위한 분개
차변) 대손상각비 30,000원   대변) 대손충당금 30,000
*1,000,000원의 5%인 50,000원이 대손충당금으로 인식되어야 하나, 20×2년 초 20,000원의 대손충당금이 설정되어 있는 상태이기 때문에 추가로 30,000원만의 대손충당금을 인식하면 됩니다.

회계상식   **대손충당금이 없다고 매출채권이 전부 회수되는 것은 아닙니다!**

기업이 대손을 언제 인식하는지에 따라 매출채권에 대한 회계처리방법은 달라지게 됩니다. 매출채권에 대한 대손 회계처리는 직접상각법(사후상각법)과 충당금설정법(사전손상추정법)의 두 가지 방법이 있습니다.

직접상각법은 대손이라고 하는 사건이 발생된 이후에 손실을 비용으로 인식하는 방법으로 기업이 직접상각법으로 매출채권에 대한 대손을 인식하는 경우 앞서 배운 대손충당금이라고 하는 계정과목은 존재하지 않습니다. 그리고 기업이 보유하고 있는 매출채권에서 실제로 대손이 발생하게 되면, 손익계산서에 대손상각비라는 비용을 인식하면서, 재무상태표에는 동일한 금액을 매출채권으로 인식하여 매출채권의 잔액이 직접 감소됩니다.

충당금설정법은 매 회계연도 말에 미리 대손을 추정하여 충당금을 설정하도록 하는 방법으로 실제 대손은 발생된 것은 아니지만, 미리 대손이 발생될 것으로 추정하여 해당 금액을 비용으로 인식하는 것입니다. 즉, 못 받게 된 것은 아니지만 못 받을 것 같아서 미리 비용으로 인식하는 것으로 앞서 배운 보수주의 회계를 적용한 것입니다.

기업의 투자활동

제 2 부의 학습목표는 기업의 투자활동이 재무상태표의 자산에 어떻게 반영되는지를 이해함에 있습니다.

이러한 학습목표를 달성하기 위해 제 5 장부터 제 8 장까지 다음에 대해 학습하겠습니다.

제 5 장에서는 현금의 정의와 관리방안을 알아보겠습니다.

제 6 장에서는 재고자산의 평가와 측정에 대해 알아보겠습니다.

제 7 장에서는 유형자산과 감가상각에 대해 알아보겠습니다.

제 8 장에서는 무형자산에 대해 알아보겠습니다.

제 5 장

부정이나 도난 가능성이
큰 현금

제 5 장의 학습목표는 현금의 의미를 이해하고 분류함에 있습니다.

이러한 학습목표를 달성하기 위해 다음의 내용을 학습하겠습니다.

첫째, 유동성과 유동비율에 대해 알아보겠습니다.
둘째, 현금과 현금성자산의 의미를 이해하고 분류하겠습니다.
셋째, 당좌거래의 흐름 및 당좌수표의 활용에 대해 알아보겠습니다.
넷째, 현금의 관리방법을 알아보겠습니다.

오늘 나의 유동성은?

요즘에 뉴스나 신문을 보면 유동성이 높다 또는 낮다고 하는 말들이 자주 나오는데, 그게 무슨 뜻인지 여러분은 궁금할 것입니다. 여기서 말하는 유동성이란 '어떤 자산을 현금화하는 데 걸리는 시간'을 말합니다. 예를 들어, 어떤 기업이 '유동성이 높다'고 하면 가지고 있는 자산을 보다 빨리 현금화시킬 수 있는 능력이 높다는 이야기입니다.

그럼 '현금화시킨다'는 표현은 무엇일까요? 예를 들면, 현금은 적고 땅이나 건물 같은 것이 많은 기업은 재산은 많을지 몰라도 현금이 필요하면 땅이나 건물들을 팔아야 현금이 나오게 됩니다. 따라서 그런 기업은 현금화시키는 데 시간이 많이 걸리므로 유동성이 낮은 것입니다. 그리고 유동성이 높다는 것은 현금이 많을 뿐만 아니라 즉시 현금화할 수 있는 자산이 많다는 이야기입니다.

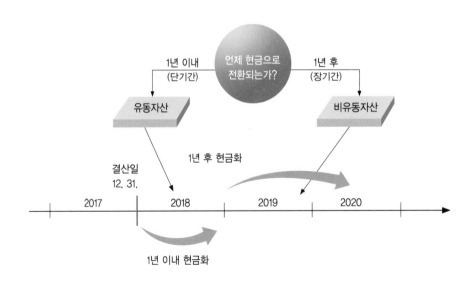

기업이 자산을 보유하는 목적은 돈을 벌기 위해서입니다. 따라서 모든 자산은 현금으로 전환할 수 있는데, 1년 이내에 전환할 수 있으면 유동성이 있는 자산(유동자산)이라고 하고, 1년을 초과해서 현금으로 전환할 수 있으면 유동성이 없는 자산(비유동자산)이라고 합니다. 부채도 같은 논리로 1년 이내에 갚아야 하는 돈을 유동부채라 하고 1년을 초과해서 갚아야 하는 돈을 비유동부채라고 합니다. 1년 기준으로 유동성을 구분하는 이유는 기업이 현금을 투입해서 영업활동을 할 경우 다시 현금으로 돌아오는 데 걸리는 시간, 즉 정상적인 영업주기가 일반적으로 1년 이내이기 때문입니다.

유동성을 평가할 때는 유동자산이 유동부채보다 많은지가 중요하며, 이 유동자산을 유동부채로 나눈 비율을 유동비율이라고 합니다. 이 유동비율은 기업의 안전성을 검토할 때 매우 중요한 지표가 됩니다. 아래 ㈜S전자의 재무상태표에서 보면 유동자산은 5,400만 원이고 유동부채는 3,000만원으로 유동비율은 180%(5,400만원÷3,000만원)로 계산됩니다.

도표 5-1 유동자산과 유동부채

재무상태표			
㈜S전자	20×1. 12. 31.		(단위 : 원)
Ⅰ. 유동자산	54,000,000	Ⅰ. 유동부채	30,000,000
1. 현금및현금성자산 5,000,000		1. 매입채무	12,000,000
2. 매출채권 19,000,000		2. 단기차입금	8,000,000
3. 미수금 20,000,000		3. 미지급금	10,000,000
4. 재고자산 10,000,000			
Ⅱ. 비유동자산	100,000,000	Ⅱ. 비유동부채	50,000,000

회계사례 전문건설업 작년 부채비율↓ 유동비율↑

지난해 전문건설업체들의 평균 부채비율이 전년대비 줄어든 반면 유동비율은 높아져 경영상태가 다소 호전된 것으로 나타났다. 발표된 내용에 따르면, 전체 전문건설업종의 평균 부채비율은

99.45%로 전년대비 3.65% 줄어든 반면, 유동비율은 140.11%로 전년대비 10.3% 늘었다. 이는 전체적으로 기업의 부채의존도가 낮아지고, 재무유동성은 높아진 것으로 풀이된다.

(D건설신문 기사 편집)

예제 5-1 유동비율 계산

다음 A기업의 유동비율을 구하고, 산업평균 120%와 비교하여 안전성을 평가하시오.

	재무상태표		
A기업	20×1. 12. 31.		(단위 : 원)
유동자산	100,000,000	유동부채	200,000,000

풀이

$(100,000,000$원$\div 200,000,000$원$) \times 100\% = 50\%$로 산업평균에 비하여 유동비율이 상당히 낮아 안전성이 취약한 기업으로 평가됩니다.

제2절 당신의 생각보다 많은 현금

현금은 자산 중에서도 유동성이 가장 높은 자산으로, 일반적으로 현금이라고 할 때는 한국은행에서 발행한 지폐나 동전과 같은 통화를 말합니다. 그러나 회계에서는 통화 이외에도 언제든지 현금으로 즉시 바꿀 수 있는 타인발행수표와 제증서로 이루어진 통화대용증권도 현금에 포함시킵니다.

구체적으로 현금은 다음의 세 가지를 모두 포함합니다.

첫째, 현금에는 동전이나 지폐와 같은 통화뿐만 아니라 은행에 요구하면 바로 현금이 지급되는 요구불예금, 즉 보통예금이나 당좌예금 등이 포함됩니다.

둘째, 현금처럼 사용할 수 있는 타인발행수표도 현금에 포함됩니다. 타인발행수표는 은행, 거래처 등 타인이 발행한 수표로서 자기앞수표와 당좌수표가 있습니다.

셋째, 제시하면 바로 현금을 주는 제증서로 우편환증서, 배당금지급통지표, 만기가 된 공사채 이자표, 국고환급금통지서 등도 현금에 포함되며 이들을 통화대용증권이라고 합니다. 또한 만기경과채권도 현금에 포함되는데, 제시하면 바로 현금으로 바꾸어 주기 때문에 현금과 다름없이 취급한다는 것을 알 수 있습니다.

도표 5-2 현금의 종류

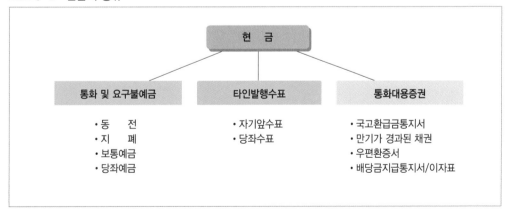

현금성자산은 현금과 다름없을 정도로 유동성이 높은 금융자산입니다. 그래서 현금성자산은 현금과 더불어 재무제표에 함께 표시됩니다. 앞의 ㈜S전자의 재무상태표에서 보면 현금및현금성자산은 5백만원임을 확인할 수 있을 것입니다. 그런데 현금성자산은 현금으로 전환할수 있는 능력, 즉 환금성이 높아야 하기 때문에, 다음의 세 가지 조건을 충족해야 합니다.

첫째, 이자율 변동으로 인한 가치변동 위험이 거의 없어야 합니다.
둘째, 큰 거래비용 없이 쉽게 현금으로 전환될 수 있어야 합니다.
셋째, 취득 시점으로부터 만기가 3개월 이내여야 합니다.

도표 5-3 현금성자산의 조건

이처럼 현금과 차이가 없을 정도로 유동성이 높은 현금성자산에는 취득 시점으로부터 3개월 이내에 만기가 도래하는 양도성예금증서(CD), 환매조건부채권(RP), 머니마켓펀드(MMF), 어음관리계좌(CMA) 등이 있습니다.

위 사항을 자세히 살펴보면 다음과 같습니다. 양도성예금증서(CD)는 정기예금을 매매할 수 있도록, 단기 금융시장에서 거래하는 예금증서입니다. 금융실명제 이전에는 양도성예금증서는 무기명거래가 가능했기 때문에 비자금을 만들거나 탈세상속, 뇌물을 건네는 수단으로 뉴스에 단골로 등장했었습니다.

환매조건부채권(RP)은 금융기관이 일정 기간 후에 소정의 이자를 붙여 되사는 조건으로 판매하는 채권입니다. 중앙은행은 시장 단기자금의 수급을 조절할 때, 환매조건부채권을 발행합니다.

머니마켓펀드(MMF)는 은행 등의 금융기관이 고객들의 자금을 모아 펀드를 구성한 다음 금리가 높은 만기 1년 미만의 기업어음(CP), 양도성예금증서(CD) 등 주로 단기금융상품에 투자해 얻은 수익을 고객에게 되돌려 주는 금융상품입니다.

어음관리계좌(CMA)는 예탁금을 어음이나 채권에 투자하여 그 수익을 고객에게 돌려주는 실적배당 금융상품입니다. 최근에 많은 직장인들은 월급을 단순히 보통예금에 저금하는 대신, 이자율이 조금이라도 더 높은 CMA를 많이 활용하고 있습니다.

기업은 적정 현금 시재액을 제외하고도 현금이 남으면, 위와 같은 현금성자산에 투자하여 단기자금을 운영합니다. 이러한 현금성자산은 기업뿐만 아니라 다음과 같은 사례에서 보듯이 개인도 유용한 투자수단으로 활용하고 있습니다.

금융사례 갈 곳 잃은 돈 단기 투자상품으로

미국의 연방준비제도(Fed)가 금리를 전격적으로 인상하면서 글로벌 금융위기 이후 7년간 유지돼 온 제로금리 시대가 막을 내렸다. 미국의 금리인상은 연중 내내 예견됐다. 이로 인해 금융시장 전반에 불안심리가 확산되면서 투자자들은 섣불리 장기간 투자하기보다는 단기간에 투자할 수 있는 상품에 관심을 기울였다. 올 한 해 단기상품에 투자하는 머니마켓펀드(MMF)가 인기를 끌었다. MMF는 고객 자산을 만기가 6개월 이내인 양도성예금증서(CD), 기업어음(CP), 만기 1년 이내인 우량채권 등 단기상품에 투자해 생기는 수익을 고객에게 돌려준다. MMF는 주로 법인과 거액 자산가들의 대표적인 단기자금 운용 수단으로 꼽혀왔다. 하지만 최근에는 투자처를 찾지 못한 일반인들의 여윳돈도 MMF로 대거 몰렸다. 한국금융투자협회에 따르면 17일 기준 MMF의 설정액은 101조 9,659억원이다. 증권사가 판매하는 수시입출금 상품인 종합자산관리계좌(CMA)도 갈 곳 잃은 시중자금을 끌어들였다. CMA는 계좌이체를 할 수 있고 필요할 때마다 돈을 꺼내 쓸 수 있다는 점에서 은행의 예금계좌와 비슷하다. 하지만 계좌에 예치된 자금이 국공채나 회사채 등에 자동으로 투자하도록 설계돼 예금보다 높은 수익을 돌려준다. 장기로 투자할 때는 예·적금이 안정적인 수익을 줄 수 있지만 CMA는 하루만 맡겨도 수익이 쌓여 단지자금을 운용하는 데 적합하다는 평가를 받는다. 18일 기준 CMA 잔액은 48조 8,617억원이었다.

(D뉴스닷컴 기사 편집)

예제 5-2   현금및현금성자산

다음 중에서 현금및현금성자산에 속하지 않는 것을 고르시오.

① 현　금
② 만기경과채권
③ 취득시점부터 만기가 3개월 이내인 환매조건부채권(RP)
④ 우　표

▎풀이

④ 우　표

우표 또는 수입인지는 현금및현금성자산 항목에 빠져 있습니다. 왜냐하면 우표와 수입인지는 기업 거래에서 교환수단으로는 사용될 수 없기 때문입니다. 따라서 기업에서는 우표와 수입인지 금액이 큰 경우에는 소모품으로 처리하고, 금액이 적은 경우에는 우편요금 등 비용으로 처리합니다.

우리는 만들 수 없는 당좌예금 통장

여러분이 오늘 당장 은행에 가서 당좌예금 통장을 만들어 줄 것을 요구하면 은행원은 통장 개설을 거절할 것입니다. '자기 돈 내고 예금하는 데 이런 경우도 있나' 하고 생각할 수 있겠지만, 당좌예금이라는 것은 다른 예금하고 달라서 아무나 예금할 수 없고, 일정 자격 요건을 갖추어야 개설이 가능한 예금입니다. 여러분과 같은 개인은 일단 세무서에 사업자 등록을 해야 하고 또한 은행과 계속 거래하여 신용이 쌓이면 개설을 할 수 있습니다.

현대와 같은 신용사회에서는 현금으로 직접 거래하기보다는 현금거래에 따른 위험과 불편을 제거하기 위해, 현금을 은행에 예금하고 대신 그 예금을 바탕으로 수표로 거래하는 경우가 대부분입니다. 그러므로 기업은 현금을 은행에 당좌예금하고 당좌수표를 발행하여 거래처에게 대금 대신 주거나, 돈을 당좌예금 계좌로 받게 하고 있습니다. 여기서 당좌예금이란 기업이 은행과 거래를 하면 기업의 현금관리업무를 은행이 대행해 주는 예금제도라고 할 수 있습니다.

다시 말해, 기업이 은행에 당좌예금이라는 금고를 설치하고 관리해 달라고 하는 계약을 체결한 후에, 그 금고를 활용하는 것이라고 볼 수 있습니다. 이처럼 당좌예금 거래를 하는 이유는 기업을 경영하면서 거래처와 직접 돈을 주고받으면 도난이나 분실 사건이 발생할 가능성이 높기 때문입니다. 다음 그림을 토대로 당좌예금을 통한 거래를 알아보도록 하겠습니다.

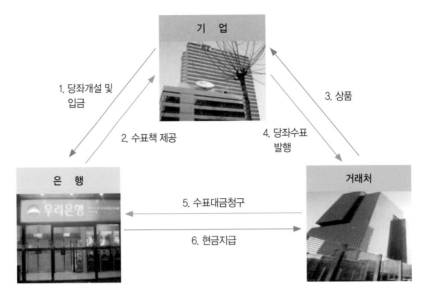

1. 기업이 은행과 당좌계약을 체결하고 당좌예금 계좌에 먼저 입금합니다.
2. 은행에서는 기업에게 수표책을 제공합니다.
3. 기업은 거래처로부터 핸드폰단말기를 공급받습니다.
4. 기업은 거래처에게 구입한 상품 대가로 당좌수표를 발행합니다.
5. 거래처는 기업으로부터 받은 당좌수표를 은행에 제출하고 대금을 청구합니다.
6. 거래처에게 당좌수표를 받은 은행은 기업의 당좌예금 계좌에서 지급합니다.

위와 같이 기업은 당좌예금 잔액의 한도 내에서 당좌수표를 발행하여야 하는 것이 원칙입니다. 그러나 은행과 별도로 계약을 한 경우에는 예금잔액을 초과하여 당좌수표를 발행할 수 있습니다. 통상적으로는 예금잔액을 초과하여 발행된 수표는 부도수표가 되지만, 은행과 기업 간의 별도 계약이 있을 때는 계약에서 정한 한도 내에서 수표대금을 정상적으로 지급해 주고 있습니다. 이와 같이 예금잔액을 초과하여 일정 금액까지 은행에서 지급해 주기로 하는 약정을 당좌차월약정이라고 하고, 예금잔액을 초과하여 수표를 발행함으로써 생긴 채무를 당좌차월이라고 합니다. 결국 당좌차월은 은행에서 돈을 빌리는 것이므로 기업 입장에서는 유동부채가 됩니다.

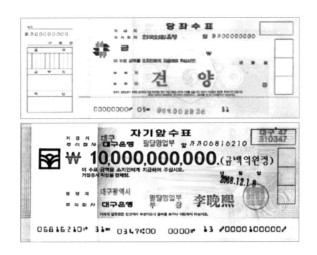

한편, 당좌수표와 앞서 배운 자기앞수표를 비교하면 다음과 같습니다.

첫째, 자기앞수표는 은행이 발행한 수표이고, 당좌수표는 은행에 당좌계좌를 개설한 기업이 그 당좌예금을 한도로 발행한 수표입니다.

둘째, 자기앞수표는 은행이 발행한 것이기 때문에 은행이 지급을 보증하지만, 당좌수표의 경우 은행은 당좌예금에 대한 단순 지급업무만 대행해 줄 뿐이지, 은행이 지급을 보증하는 것은 아닙니다.

도표 5-4 당좌수표와 자기앞수표 비교

구 분	자기앞수표	당좌수표
발 행	은 행	은행에 당좌계좌 개설한 사업자
지급보증	은행보증	은행보증 없음(계좌예치액으로 지급업무만 수행)
지급기일	해당 없음(제출 즉시 지급)	해당 없음(제출 즉시 지급)
부 도	해당 없음	부도 → 은행에서 형사고발

현금관리는 어떻게 해야 할까?

현금은 일상 영업활동 중에서 유입과 유출이 가장 빈번하며, 도난을 당하거나 부당하게 사용될 가능성이 가장 높은 자산입니다. 기업이 철저하게 통제를 한다고 해도 현금의 특성상 사고가 발생할 여지는 많습니다. 따라서 기업에서는 현금에 대한 통제를 매우 중요하게 다루고 있습니다.

기업에서의 현금의 수취, 보관 및 지급을 적절히 관리하기 위해서는 엄격한 내부통제제도가 필요합니다. 여기서 내부통제제도란 조직의 목적을 효과적으로 달성하기 위해서 설치해 놓은 제도를 말합니다. 예를 들면, 거래를 할 경우에는 반드시 담당자의 승인을 받게 한다든가, 상품은 반드시 창고에 보관한다든가 하는 제도를 말합니다. 이와 같은 내부통제제도를 그 조직의 목적에 맞게 합리적으로 고안하고 운용하는 것은 부정방지는 물론 조직의 효율성을 높이기 위해서도 필수불가결한 것입니다.

다음의 사례를 통해 현금의 통제가 얼마나 중요한지를 생각해 보기 바랍니다.

금융사례　**우리은행 부지점장, 현금 포함 20억원 횡령**

우리은행 여의도지점의 간부가 고객의 돈 20억원을 횡령한 후 잠적한 것으로 드러났습니다. 지난 3일 우리은행 여의도금융센터점의 부지점장이 외화시재 중 20억원을 해외 계좌로 송금하고 현금으로 빼돌려 잠적했습니다. 해딩 부지점장은 4일부터 출근하지 않았으며, 즉시 해외로 도주한 것으로 알려졌습니다.

우리은행은 "정확한 피해금액이 밝혀지지 않았다"며 "이 중 11억원에 대해서는 지급정지 절차를 밟고 있어 회수에 문제가 없을 것으로 보인다"고 밝혔습니다. 현재 우리은행 검사실과 금융감독원은 정확한 피해 사실을 파악하고 있습니다. 해당 직원은 현재 가족들이 거주하고 있는 호주로 출국한

상태로, 우리은행측은 직원의 소재를 파악 중입니다. 우리은행은 해당 직원의 소재를 파악하면 내부 인사협의회를 열어 파면 조치를 할 예정입니다. 또 정확한 피해 금액이 밝혀지면 검찰에 고발 조치를 진행할 예정이라고 전했습니다.

(M경제TV 기사 편집)

한편, 기업에서 일반적으로 활용하고 있는 현금관리 방안은 다음과 같습니다.

첫째, 입금·출금업무와 기록업무를 구분해서 서로 다른 직원에게 맡기는 것으로, 이를 업무분장이라고 합니다. 한 사람이 이러한 업무를 모두 하게 되면 마음만 먹으면 횡령을 할 수 있게 되기 때문에, 이를 방지하기 위한 방안입니다.

둘째, 당좌예금을 사용하는 방법입니다. 또한, 적은 지출금액은 별도로 관리하는 소액현금제도를 사용하는 것입니다. 그리고 현금실사를 수시로 해야 합니다.

셋째, 직원이 한 곳에 오랜 기간 근무하게 되면, 일반적으로 부정이 일어날 가능성이 있기 때문에, 일정 기간마다 서로 일하는 자리를 바꾸는 직무순환제도를 도입·운영하는 것입니다.

도표 5-5   현금관리 방안

필요성	현금은 유동성이 큰 자산으로 부정이나 도난이 발생할 위험이 높음 → 효율적인 현금관리를 위해 상호 견제와 균형의 원리에 의한 내부통제제도를 완비해야 함
관리 방안	① 입·출금 업무와 기록 업무의 분장, 현금출납장 작성
	② 수표의 사용(당좌예금)
	③ 소액현금제도
	④ 현금실사(정기 및 수시)
	⑤ 직무순환제도 도입

현금을 합리적으로 관리하기 위해서는, 현금수입액은 가능한 한 빨리 은행에 입금시키고 현금의 지출은 가급적 당좌수표를 발행하도록 해야 합니다. 그러나 소액의 잡비, 교통비, 여비, 소모품비 등을 지급할 때에도 일일이 수표를 발행하기란 여간 번거로운 일이 아닙니다. 따라서 사소한 현금지출이 있을 때마다 회계부서에서 일일이 수표를 발행하든가 현금을 지급하는 번거로움을 피하기 위하여, 각 실무부서에 있는 소액현금 담당자에게 일정 한도 내의 소액현금을 먼저 지급하고, 주어진 기간 내에서는 그 현금을 자유로이 사용할 수 있는 권한을 부여하는 방법을 사용하는 경우가 많은데, 이러한 현금관리제도를 소액현금제도라고 합니다.

예제 5-3 현금통제 방법

다음 중에서 적절한 현금통제 방법이 아닌 것을 고르시오.

① 현금 입금 · 출금 업무의 분장
② 소액현금제도의 활용
③ 당좌수표의 활용
④ 정기적인 예금잔액 대조 및 현금잔액의 수시 실사
⑤ 현금영수증 발급

┃ 풀이

⑤ 현금영수증 발급
현금영수증 발급은 세원의 노출을 위해 의무적으로 시행하는 제도입니다.

생각해 보기

다음 금융상품에 대해서 은행, 증권사 등의 금융기관을 방문하거나 인터넷 검색 등을 통해서 금융상품별 수익률과 투자위험을 조사하시오.

- 양도성예금증서(CD)
- 환매조건부채권(RP)
- 머니마켓펀드(MMF)
- 어음관리계좌(CMA)

제 6 장

재고자산 평가에 따라
이익이 달라진다고?

제6장의 학습목표는 재고자산의 평가를 이해하고 계산함에 있습니다.

이러한 학습목표를 달성하기 위해 다음의 내용을 학습하겠습니다.

첫째, 기업의 유형에 따른 재고자산의 의미와 차이를 알아보겠습니다.
둘째, 매출원가와 매출총이익의 측정 방법에 대해 알아보겠습니다.
셋째, 재고자산의 수량결정 방법 및 단가결정 방법을 알아보겠습니다.

제1절 상기업의 재고자산과 제조기업의 재고자산

기업의 유형에는 서비스기업과 제조기업 및 상기업이 있습니다. 서비스기업은 고객에게 무형의 서비스를 제공하여 이익을 창출합니다. 예를 들어, 은행이나 병원, 또는 회계법인 등이 서비스기업에 해당됩니다. 한편, 제조기업과 상기업은 유형의 물건을 고객에게 판매하여 이익을 창출합니다. 다만, 제조기업은 새로운 제품을 만들어서 판매하는 반면, 상기업은 다른 회사가 만들어 놓은 물건인 상품을 매입해서 판매합니다. 일반적으로 공장을 가지고 있는 삼성전자, 현대자동차, 롯데제과, 두산중공업 등이 제조기업에 해당되고, 무역상사나 백화점 및 대형마트 등이 상기업에 해당됩니다.

도표 6-1 기업의 유형

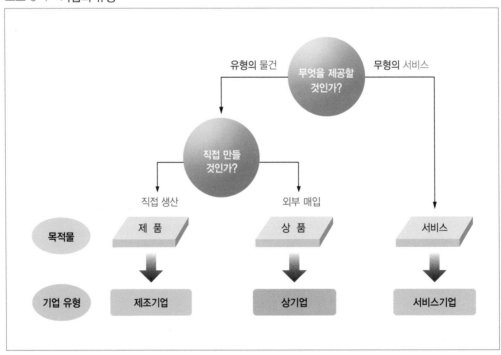

그런데 상기업과 제조기업은 판매할 상품이나 제품을 창고에 보관하고 있기 때문에, 이들을 재고자산이라고 합니다. 즉, 상기업과 제조기업은 재고자산의 판매 과정을 통하여 현금을 창출하게 됩니다. 다만, 상기업의 경우에는 상품이 주된 재고자산이 되지만, 제조기업의 경우에는 제품 이외에도 제조공정에 투입되는 원재료와 제품의 제조를 위하여 공정 중에 있는 재공품도 재고자산에 포함됩니다.

도표 6-2 제조기업의 재고자산

아래 〈도표 6-3〉은 홍삼제조회사에서 보유하고 있는 재고자산을 예시로 제시한 것입니다. 제조기업인 K홍삼회사의 재고자산에는 원재료, 재공품, 제품이 있습니다. 흐름도를 보면 원재료는 제조공정에 투입되는 6년근 인삼이며, 재공품은 공정 중에 있는 인삼 또는 홍삼입니다. 마지막으로 제품은 완성된 인삼 또는 홍삼입니다.

도표 6-3 제조기업의 재고자산 흐름 예시

제조기업의 재고자산인 제품은 제조원가로 기록되어집니다. 그럼 상기업의 재고자산인 상품은 어떻게 기록될까요? 재고상품은 취득원가로 기록합니다. 그런데 그 취득원가는 단순히 공급자에게 지불한 금액뿐만 아니라 판매 가능한 상태로 판매 가능한 장소에 도달하는 데까지 지출된 비용을 모두 포함합니다. 즉, 재고상품의 취득원가는 매입가액에 매입부대비용을 합산해서 구합니다. 여기서 매입부대비용으로는 매입수수료, 매입운임, 하역료, 보험료, 세금 등이 있습니다.

도표 6-4 재고자산의 취득원가

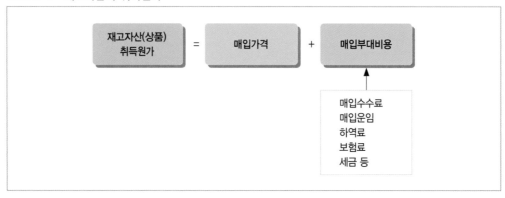

예제 6-1 재고자산의 취득원가 계산

(주)중앙은 20×1년 1월 중에 A상품을 1,000,000원에 구입하였습니다. 추가적으로 매입운임 20,000원과 매입수수료 30,000원을 현금으로 지급하였습니다. (주)중앙의 20×1년 1월 중에 구입한 A상품의 취득원가를 계산하시오.

┃ 풀이

상품의 취득원가 = 매입가액 1,000,000원 + 매입운임 20,000원 + 매입수수료 30,000원
　　　　　　　 = 1,050,000원

제2절 기말재고상품과 매출총이익

여러분은 여름 말미에 '여름상품 창고바겐세일'이니 '여름옷 왕창세일'이니 하는 광고를 많이 보았을 것입니다. 이렇게 판매를 하는 것은 이번 여름에 여름상품을 못 팔면 내년 여름이나 되어야 팔 수 있기 때문입니다. 여러분 중에는 "그게 뭐 어때서?"라고 질문을 할 수 있지만, 한 번 잘 생각해 보면 당연한 이치라는 것을 깨달을 수 있습니다.

즉, 판매자의 입장에서 상품의 구입대금은 이미 지급했지만 상품은 1년이 지나야만 팔 수 있으니, 결국 1년 동안 돈이 묶이게 됩니다. 상품을 창고에 1년 동안 놔 둔다고 이자가 나오는 것도 아니고, 더구나 내년에는 유행이 바뀌어 잘 팔리지도 않을 것입니다. 이런걸 고려하면 지금이라도 싸게 파는 것이 낫다고 보는 것입니다.

이처럼 기업경영을 성공적으로 이끌기 위해서는 상품을 사고 파는 것 못지 않게 상품을 관리하는 것이 매우 중요합니다. 그리고 상품을 관리하기 위해서는 무엇보다 재고상품을 항상 정확히 파악하여야 합니다. 재고상품을 제대로 파악하지 못하면 매입·매출활동에 막대한 지장을 줄 뿐만 아니라, 상품을 판매해서 얻은 매출총이익이 얼마인지 정확히 계산하기 어렵기 때문입니다.

매출총이익은 매출액에서 매출원가를 차감하여 계산됩니다. 상기업에서 매출원가는 판매된 상품의 취득원가를 의미하기 때문에, 매출총이익은 매출액에서 판매된 상품의 취득원가를 차감하고도 남은 이익이 됩니다.

다음의 〈도표 6-5〉에서 매출액은 판매상품의 판매가액으로 쉽게 구할 수 있습니다. 그리고 매출원가는 〈도표 6-5〉와 같이 '기초재고＋당기매입－기말재고'의 산식으로 계산됩니다. 즉, 매출원가는 기초재고액에 당기매입액을 가산한 후 기말재고액을 차감하여 계산할 수 있습니다.

도표 6-5 매출총이익의 계산

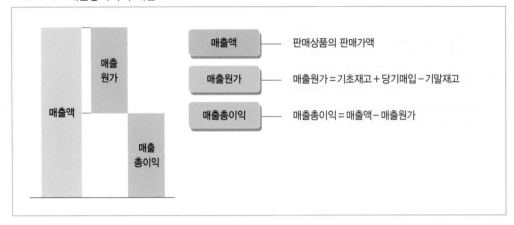

예제 6-2 매출총이익의 계산

(주)중앙물산은 건어물을 판매하는 회사입니다. 20×1년 기초상품재고액은 2,000,000원이며, 20×1년 1년 동안 매입한 상품(건어물)의 총원가는 12,000,000원이고, 매출액은 20,000,000원이었습니다. 20×1년 말 남아 있는 재고상품이 3,000,000원이라면 당기매출총이익을 계산하시오.

┃ 풀이

매출원가 = 기초재고 + 당기매입 − 기말재고

= 2,000,000 + 12,000,000 − 3,000,000 = 11,000,000원

매출총이익 = 매출액 − 매출원가

= 20,000,000 − 11,000,000 = 9,000,000원

그런데 매출원가의 계산식에서 기초재고액은 작년 말 기말상품의 재고액이므로, 작년 말 재무상태표의 재고상품에서 쉽게 구할 수 있습니다. 또한, 당기매입액은 매입금액의 합계로 구할 수 있습니다. 문제는 기말재고액을 어떻게 구할 것인가 하는 것입니다. 기말재고액은 저절로 주어지는 것이 아니라, 상품의 매입·매출을 정확히 기록해서 장부상으로 파악하든가 아니면 결산기 말에 재고가 몇 개나 있는지 실제로 조사해서 구하게 됩니다. 이와 같이 기말재고액이 얼마인지를 결정하는 것을 재고자산의 평가라고 합니다.

결국 재고자산의 평가란 기초재고액과 당기매입액의 합계(당기에 판매 가능한 상품의 원가)를 회계기간 중에 매출된 상품의 원가(매출원가)와 기말에 재고로 남아 있는 상품의 원가(기말재고액)로 나누는 절차라고 할 수 있습니다.

도표 6-6 재고자산의 평가

제 6 장

따라서 상품을 평가하기 위해서는 매출원가와 기말재고액 중 어떤 항목을 먼저 결정하더라도, 다른 항목은 판매가능원가에서 차감하여 자동으로 계산됩니다. 그러면 이제부터 기말재고액을 계산해 보기로 하겠습니다. 기말재고액은 다음과 같이 기말재고수량에 상품단가(단위당 원가)를 곱하여 계산합니다. 즉, 상품재고(금액)는 수량 곱하기 단위당 원가로 표시할 수 있습니다. 만약 사이다를 50병 보유하고 있는데, 병당 1,000원에 구입하였다면, 상품재고금액은 50,000원입니다.

도표 6-7 기말재고액 결정

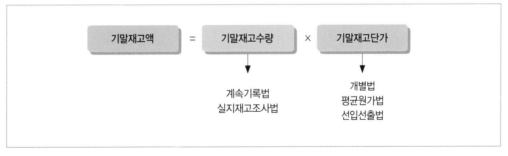

이에 따라 다음 제3절과 제4절에서 기말재고액을 계산하기 위하여 수량을 파악하는 방법과 단가를 결정하는 방법에 대해 살펴보겠습니다.

제3절 기말재고상품의 수량은 어떻게 결정하는가?

먼저, 기말재고상품의 수량을 파악해 보겠습니다. 기업이 상품재고수량을 관리하는 방법에는 계속기록법과 실지재고조사법이 있습니다. 계속기록법은 장부기록을 이용하여 파악하는 방법입니다. 이는 고객에게 판매할 때마다 판매수량을 일일이 장부에 계속 기록함으로써, 장부상으로 기말재고수량을 결정하는 방법입니다.

예를 들어, 기초에 상품 2개가 있었고 당기에 상품 8개를 매입하였으며 그 중 4개를 판매하였는데, 판매할 때마다 그 판매수량을 계속 기록하였다고 가정합시다. 계속기록법을 사용하여 기말재고수량을 구하면 2개(기초재고수량) + 8개(당기매입수량) − 4개(당기매출수량) = 6개(기말재고수량)가 됩니다.

실지재고조사법은 실제 창고에 가서 재고수량을 파악하는 방법입니다. 실지재고조사법에서는 계속기록법과 달리 판매할 때 별도로 그 판매수량을 기록하지 않다가, 기말에 창고에 얼마나 남았는지 재고조사를 하여 기말재고수량을 파악합니다. 따라서 실지재고조사법에서는 기말재고수량을 기초재고수량과 당기매입수량의 합계에서 차감하여 기중의 매출수량을 계산합니다.

도표 6-8 기말재고상품의 수량결정 방법

예를 들어, 기초에 상품 2개가 있었고 당기에 매입한 상품이 8개, 그리고 기말에 조사해 보니 상품이 5개 있었다고 가정합시다. 실지재고조사법에 의하면 당기매출수량은 2개(기초 재고수량) + 8개(당기매입수량) - 5개(기말재고수량) = 5개(당기매출수량)가 됩니다.

예제 6-3　기말재고상품의 수량결정

다음은 (주)한국의 20×1년 중 상품재고장의 기록내역입니다.

일 자	적 요	수 량	단 가	금 액
1월 1일	기초재고	1,500	@100	150,000
4월 15일	매 입	2,500	@100	250,000
10월 20일	매 출	3,000	@200	600,000
11월 25일	매 입	1,000	@100	100,000

계속기록법에서의 기말재고수량과 실지재고조사법에서의 당기매출수량은 몇 개인지 계산하시오. 단, 기말재고실사수량은 1,900개입니다.

┃ 풀이

계속기록법 : 기말재고수량 = 1,500개 + 2,500개 - 3,000개 + 1,000개 = 2,000개
실지재고조사법 : 당기매출수량 = 1,500개 + 2,500개 + 1,000개 - 1,900개 = 3,100개

제4절 기말재고상품의 단가는 어떻게 산출하는가?

여러분의 사과창고에는 500개의 사과가 있는데, 그 중 300개는 200원에 샀고, 나머지 200개는 210원에 샀습니다. 창고에 있는 500개의 사과 중에서 350개를 팔았다고 가정해 보겠습니다. 오늘 판매한 350개 사과의 원가(매출원가)와 창고에 남아 있는 150개 사과의 원가(기말재고)를 쉽게 계산할 수 있을지 생각해 보기 바랍니다. 여러분이 정신없이 사과를 팔다보면 얼마에 구입한 것이 몇 개씩 팔렸는지 알아내기가 매우 힘들 것입니다.

또 다른 예를 들어 보겠습니다. 어떤 주유소에서 한 달 동안 세 차례에 걸쳐 다음과 같이 휘발유를 매입하였다고 가정해 보겠습니다.

매입량	단 가	금 액
1,000L	@600원	600,000원
1,500L	@620원	930,000원
2,000L	@630원	1,260,000원

그리고 같은 기간 동안 이 주유소는 위 휘발유 중 2,500L를 판매하고 나머지 2,000L를 저장탱크에 기말재고로 보유하고 있습니다. 판매한 2,500L의 휘발유와 재고로 남아 있는 2,000L의 단가는 각각 얼마인지 생각해 보기 바랍니다. 이 경우에는 단가가 서로 다른 휘발유가 혼합되어 판매된 것이기 때문에, 매출한 휘발유나 기말재고로 남아 있는 휘발유의 단가를 별도로 파악한다는 것은 사실상 불가능합니다.

이러한 상황은 휘발유의 경우뿐만 아니라, 입고와 출고가 빈번한 모든 종류의 상품에 해당되는 문제입니다. 결국, 상품의 단가를 결정하기 위해서는 상품이 어떤 흐름에 따라 들어오고 나간다고 가정하여야 할 것입니다. 상품흐름(원가흐름)의 가정을 어떻게 하느냐에 따라 상품의 단가를 결정하는 방법이 달라지는데, 이러한 방법에는 개별법과 평균원가법, 그리고 선입선출법이 있습니다.

도표 6-9   재고자산의 단가결정 방법

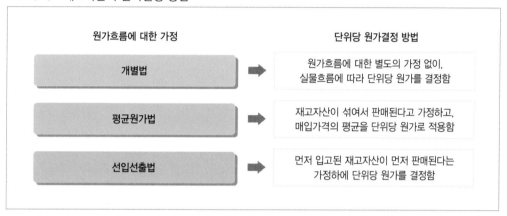

첫째, 개별법은 원가흐름에 대한 가정 없이, 상품마다 바코드와 같은 꼬리표를 붙여서 판매될 때마다 그 상품의 원가를 알 수 있는 경우에 적용할 수 있습니다. 개별법에서 기말재고액은 판매되지 않고 남아 있는 상품의 매입가격을 단순 합산하여 구할 수 있습니다. 이러한 개별법은 부동산, 골동품, 귀금속 등 종류가 적고 고가인 상품에 주로 사용됩니다.

예제 6-4   원가흐름에 대한 가정 : 개별법

20×1년 5월 중 3개의 동일한 상품을 구입하였는데, 상품가격이 지속적으로 올라 첫 번째 상품은 100,000원, 두 번째와 세 번째 상품은 110,000원과 120,000원에 매입하였습니다. 이 중에서 원가가 110,000원, 120,000원인 상품 2개를 단위당 150,000원에 판매하였고, 1개는 재고로 남아 있습니다. 개별법에 의한 매출원가와 기말재고액 및 매출총이익을 계산하시오.

풀이

개별법에서는 원가흐름에 대한 별도의 가정 없이 상품의 실제흐름에 따라 원가를 결정하면 됩니다. 따라서 매출원가는 판매된 두 번째와 세 번째 상품의 매입가격인 230,000원(110,000원＋120,000원)이 됩니다.

또한, 기말재고액은 재고로 남아 있는 첫 번째 상품의 매입가격인 100,000원이 됩니다. 그리고 매출총이익은 매출액에서 매출원가를 차감한 것이므로 70,000원(300,000원－230,000원)이 됩니다.

둘째, 평균원가법에서는 먼저 들어온 재고자산과 나중에 들어온 재고자산이 섞여 판매된다고 가정하고, 재고자산의 단위당 원가로 단위당 평균매입원가를 적용합니다. 이때 단위당 평균매입원가는 다음의 산식에 의해 결정됩니다.

$$단위당\ 평균매입원가 = \frac{기초상품재고액 + 당기매입상품의\ 취득원가}{기초상품수량 + 당기매입수량}$$

그리고 기말재고액은 기말재고수량에 단위당 평균매입원가를 곱하여 계산합니다. 평균원가법은 적용하기에 간편하여 실무적으로 가장 많이 사용되고 있습니다.

참고로, 평균원가법에는 총평균법과 이동평균법이 있습니다. 총평균법은 기말재고수량을 결정할 때 실지재고조사법을 쓰는 경우에 사용하며, 이동평균법은 계속기록법을 쓰는 경우에 사용합니다. 이 교재에서 소개한 평균원가법은 총평균법입니다.

예제 6-5　원가흐름에 대한 가정 : 평균원가법

앞 〈예제 6-4〉의 자료를 이용하여 평균원가법에 의한 매출원가와 기말재고액 및 매출총이익을 계산하시오.

▌풀이

평균원가법에서는 먼저 단위당 평균매입원가를 계산하여야 합니다. 앞 〈예제 6-4〉의 경우, 단위당 평균매입원가는 110,000원(330,000원÷3개)입니다. 따라서 매출원가는 판매된 수량 2개에 단위당 평균매입원가 110,000원을 곱한 220,000원이 되고, 기말재고액은 재고수량 1개에 역시 단위당 평균매입원가 110,000을 곱한 110,000원이 됩니다. 한편, 매출총이익은 매출액 300,000원에서 매출원가 220,000원을 차감하면 80,000원이 됩니다.

셋째, 선입선출법은 먼저 구입한 상품이 먼저 판매된다는 가정에서 재고상품의 단가를 추적하는 방법입니다.

예제 6-6   원가흐름에 대한 가정 : 선입선출법

앞 〈예제 6-4〉의 자료를 이용하여 선입선출법에 의한 매출원가와 기말재고액 및 매출총이익을 계산하시오.

▌풀이

선입선출법에서는 먼저 구입한 상품이 먼저 판매된다고 가정하고 있습니다. 따라서 앞 〈예제 6-4〉에서 판매된 2개의 상품은 먼저 구입한 첫 번째 상품과 두 번째 상품이 판매된 것으로 가정하여야 합니다. 즉, 매출원가는 첫 번째 상품의 매입원가 100,000원과 두 번째 상품의 매입원가 110,000원의 합인 210,000원이 됩니다. 따라서 기말재고액은 세 번째 상품의 매입원가인 120,000원이 됩니다. 그리고 매출총이익은 매출액 300,000원에서 매출원가 210,000원을 차감한 90,000원이 됩니다.

앞에서 제시한 예제를 통해 볼 때 개별법, 평균원가법, 선입선출법 등 상품흐름의 가정에 따라 매출원가와 기말재고액 및 매출총이익이 달라진다는 것을 알 수 있습니다. 물가가 지속적으로 상승되는 인플레이션 상황에서 기말재고액은 선입선출법(120,000원)이 평균원가법(110,000원)보다 크게 나타납니다.

위의 사항을 요약하여 정리하면 다음과 같습니다.

도표 6-10　물가상승기에 원가흐름의 가정에 따른 단위당 원가 비교

(단위 : 원)

구 분	개별법	평균원가법	선입선출법
매　출	300,000	300,000	300,000
매 출 원 가	230,000	220,000	210,000
매출총이익	70,000	80,000	90,000
기말재고액	100,000	110,000	120,000

개별법		평균원가법		선입선출법	
상　품		상　품		상　품	
기초재고　　0	매출원가	기초재고　　0	매출원가	기초재고　　0	매출원가
	매입(2) 110,000		2개　　110,000		매입(1) 100,000
매입(1) 100,000	매입(3) 120,000	매입(1) 100,000	110,000	매입(1) 100,000	매입(2) 110,000
매입(2) 110,000		매입(2) 110,000		매입(2) 110,000	
매입(3) 120,000	**기말(1) 100,000**	매입(3) 120,000	**기말　110,000**	매입(3) 120,000	**기말(3) 120,000**

여러분은 위의 사례를 통하여 원가흐름의 가정이 이익에 막대한 영향을 미친다는 것을 알 수 있을 것입니다. 참고로, 후입선출법은 나중에 들어온 상품이 먼저 나간다는 가정에서 재고상품의 단위당 원가를 계산하는 방법으로, 국제회계기준에서는 인정되지 않습니다.

📈 **회계사례**　　　'기대이하' 실적 낸 에쓰오일…재고평가 방식에 갈렸다

에쓰오일은 정유마진 증가 등으로 국내 정유사들이 모두 1분기에 호실적을 낼 것으로 기대되는 시점에 예상치를 크게 밑도는 실적을 발표했다. 에쓰오일의 올해 1분기 연결 기준 영업이익은 3,239억원으로 지난해 1분기(4,918억원)보다 34%나 급감했다. 이는 증권정보업체 에프앤가이드가 집계한 전망치보다 17% 낮은 수치다. 같은 기간 실적을 발표한 SK이노베이션의 1분기 영업이익이 1조 43억원으로 역대 세 번째로 1조원 이상의 분기 영업이익을 기록한 것과 대조적이었다.

관련 전문가들에 따르면 이는 재고자산 평가방법의 차이가 주된 영향을 미친 것으로 분석되었다. 재고자산 평가액은 남아있는 제품 수량에 유가(달러 기준)와 환율을 곱해 원화로 산출한다. 에쓰오

일은 다른 국내 정유사들과 달리 재고자산 평가방법으로 선입선출법을 쓴다. 선입선출법은 재고를 최근에 구입한 원료로 만들어진 것으로 본다. 따라서 가장 최근 유가가 오를 경우엔 재고자산 평가이익이 늘어나는 반면 유가가 하락할 때는 재고자산 평가손실이 발생할 수 있다. 또한 에쓰오일은 유가가 하락한 상황에서 환율마저 떨어져 평가손실을 본 것으로 알려졌다.

반면 총평균법을 쓰는 SK이노베이션은 같은 조건에서 1분기에 1,920억원의 재고평가이익을 거뒀다. 총평균법은 일정기간의 원유도입금액을 모두 합친 뒤 같은 기간의 매입수량으로 나눠서 단위당 원가를 계산한다. 따라서 선입선출법에 비해 가격 변동에 덜 민감하다. 에쓰오일 외의 국내 정유사들도 기존에는 재고자산 평가방법으로 선입선출법을 썼지만 2011년 국제회계기준이 도입되면서 총평균법으로 변경하였다.

(C비즈 기사 편집)

예제 6-7 　개별법, 평균원가법, 선입선출법 적용

다음의 자료가 주어졌을 때, 개별법과 평균원가법 및 선입선출법에 따른 매출원가와 기말재고액을 계산하시오. 단, 9월 17일 매출상품은 9월 5일 매입한 상품 200개와 9월 1일 월초재고상품 50개였습니다.

(단위 : 원)

일　자	적　요	수　량	단　가	금　액
9월 1일	월초재고	100	@500	50,000
9월 5일	매　입	200	@550	110,000
9월 17일	매　출	250	@1,000	250,000
9월 25일	매　입	100	@600	60,000

▌풀이

위의 예제를 개별법, 평균원가법, 선입선출법 등 재고자산 평가방법에 따라 매출원가와 기말재고자산 금액을 계산하면 다음과 같습니다.

개별법

상　품			
기초	50,000	매출원가	
		기초	25,000
		9/5분	110,000
매입			
9/5	110,000		
9/25	60,000	기말	85,000

평균원가법

상　품			
기초	50,000	매출원가	
		250개	137,500
매입			
9/5	110,000		
9/25	60,000	기말	82,500

선입선출법

상　품			
기초	50,000	매출원가	
		기초	50,000
		9/5분	82,500
매입			
9/5	110,000		
9/25	60,000	기말	87,500

1. 개별법

　매출원가 = 9월 5일 매입 상품원가(200개) + 기초상품원가(50개)

　　　　　 = 110,000 + 25,000

　　　　　 = 135,000(원)

　기말재고자산 = 판매가능상품원가 - 매출원가

　　　　　　　 = 220,000 - 135,000

　　　　　　　 = 85,000(원)

2. 평균원가법

　단위당 평균매입원가 = 판매가능액 ÷ 판매가능수량

　　　　　　　　　　　 = 220,000 ÷ 400개

　　　　　　　　　　　 = 550(원)

　매출원가 = 평균단가 × 판매수량

　　　　　 = 550원 × 250개

　　　　　 = 137,500(원)

　기말재고자산 = 판매가능상품원가 - 매출원가

　　　　　　　 = 220,000 - 137,500

　　　　　　　 = 82,500(원)

3. 선입선출법

　매출원가 = 기초상품원가(100개) + 9월 5일 매입원가(150개)

　　　　　 = 50,000 + 82,500

　　　　　 = 132,500(원)

　기말재고자산 = 판매가능상품원가 - 매출원가

　　　　　　　 = 220,000 - 132,500

　　　　　　　 = 87,500(원)

 생각해 보기

　귀금속판매상인 중앙보석은 귀금속을 구입할 때마다 구입가격이 다르기 때문에 판매할 때 얼마짜리가 판매되었느냐에 따라 기말재고상품의 원가와 매출이익이 다르게 됩니다. 기말상품의 단가결정 방법에는 어떤 것이 있는지 알아보고 만약 당신이 회계 담당자라면 어떠한 방법을 사용하겠습니까?

제 7 장

시간이 흘러가면
감소하는 것은?

제7장의 학습목표는 유형자산과 감가상각에 대해 이해함에 있습니다.

이러한 학습목표를 달성하기 위해 다음의 내용을 학습하겠습니다.

첫째, 유형자산의 의미와 종류 및 다른 비유동자산과의 차이를 알아보겠습니다.

둘째, 유형자산의 취득원가를 계산해 보겠습니다.

셋째, 유형자산에 대한 감가상각의 의미와 감가상각 계산을 위한 구성요소를 알아보겠습니다.

넷째, 정액법과 정률법에 의해 감가상각비를 계산하고 그 차이를 알아보겠습니다.

제1절 유형자산의 의미와 종류는?

유형자산은 재고자산과 달리 그 자체를 판매하기 위해 보유하는 것이 아니라, 기업 본연의 영업활동을 위해 장기적으로 보유하는 공장이나 기계 등 눈에 보이는 자산입니다. 이러한 유형자산에는 토지, 건물, 기계장치, 차량운반구, 비품 등이 있습니다.

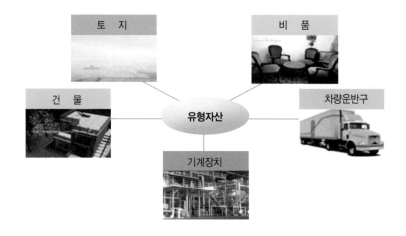

한편, 유형자산은 다음과 같은 특징을 가지고 있습니다.

첫째, 유형자산은 기업의 본래 목적인 영업활동에 사용될 목적으로 구입한 자산입니다. 여기서 기업 본래 영업활동에 사용할 목적이란 재화의 생산활동과 판매활동에 사용하는 것을 말합니다. 그러나 토지나 건물을 임대나 시세차익 목적으로 보유하고 있다면 비유동자산 중 투자부동산으로 분류하며, 판매할 목적으로 보유하고 있다면 유동자산 중 재고자산으로 분류합니다.

둘째, 유형자산은 물리적 실체를 가진 우리 눈에 보이는 자산입니다. 상대적으로 특허권 같은 무형자산도 영업활동을 위해 보유하고 있지만, 유형자산과 달리 물리적 실체가 없습니다.

셋째, 유형자산은 장기간 사용할 목적으로 보유하고 있는 비유동자산으로 분류합니다.

도표 7-1 비유동자산의 구분

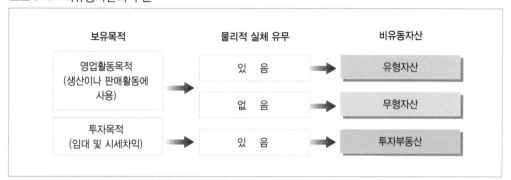

🔺📊 **회계상식**   **토지는 언제나 유형자산일까?**

- -

기업들은 다양한 이유로 토지를 소유하고 있습니다. 그런데 이러한 토지는 언제나 유형자산으로 분류될까요?

정답은 그렇지 않습니다. 기업이 소유하고 있는 토지는 그 보유목적이 영업활동에 사용하기 위해서라면 유형자산으로 분류되지만, 시세차익 등 투자목적이라면 유형자산이 아닌 투자부동산으로 분류됩니다. 물론, 투자부동산도 유형자산 및 무형자산과 더불어 비유동자산의 하나이긴 합니다.

또한, 같은 토지라도 부동산 매매를 영업으로 하는 기업과 같이 판매목적으로 보유하고 있다면, 마치 일반 상품과 같이 재고자산으로 분류됩니다. 따라서 한 기업이 얼마나 많은 토지를 보유하고 있는지를 확인하려면, 유형자산뿐만 아니라 투자부동산, 때로는 기업의 영업활동에 따라 재고자산까지 확인하여야 합니다.

토 지	보유목적	분 류
	영업활동 사용목적	유형자산
	투자목적	투자부동산
	판매목적	재고자산

유형자산의 취득원가 계산

이제 유형자산의 취득원가에 대해서 알아봅시다. 만약 여러분이 아파트를 산다면 아파트 값만 준비해서는 아파트를 살 수 없을 것입니다. 그 이유는 바로 세금 때문입니다. 아파트 값 이외에도 등기비, 취득세, 등록세 등을 납부해야지만 아파트를 여러분의 소유로 만들 수 있는 것입니다.

도표 7-2 유형자산의 취득원가

- 유형자산의 취득원가 :
  구입가격 + 취득부대비용(유형자산을 사용 가능한 상태에 도달할 때까지 발생한 모든 지출)

회계에서는 아파트 값 말고 이렇게 드는 돈을 어떻게 처리할까요? 토지나 건물을 취득할 때 구입가격은 물론이고 구입에 소요된 모든 비용, 예를 들면 중개인수수료, 등기비, 취득세 등을 모두 포함하여 토지나 건물의 취득원가로 평가합니다. 즉, 유형자산의 취득원가는 구입가격에 수수료와 세금 등 취득부대비용을 모두 포함합니다.

유형자산의 취득원가

　(주)중앙은 업무용 차량 1대를 1,100,000원에 현금 매입하였습니다. 그런데 이 자동차를 구입하면서 차량등록비와 취득세를 각각 100,000원과 70,000원 지급하였습니다. 또한, 자동차 배송료로 30,000원을 지급하였습니다. 이 자동차의 취득원가를 계산하시오.

┃ 풀이

자동차를 구입한다고 할 때, 그 취득원가는 다음과 같이 사용목적에 적합한 상태에 도달하기까지 지급하는 모든 대가를 포함합니다.

　• 자동차의 취득원가 :

1) 구입가격	1,100,000원
2) 등록비	100,000원
3) 취득세	70,000원
4) 배송료	30,000원
계	1,300,000원

회계상식　　리스회계

　리스(lease)란 자산을 빌려서 사용하는 것을 의미합니다. 과거 리스기준에서 자산을 빌린 리스이용자는 리스계약의 실질에 따라, 운용리스 혹은 금융리스로 회계처리하였습니다. 여기서 '운용리스'는 자산의 임대차와 유사하며 리스이용자가 자산·부채를 인식하지 않습니다. 반면 '금융리스'는 자산의 할부구입과 유사하며 리스이용자가 자산과 부채를 인식합니다.

　그러나 현행 리스기준에서 리스이용자는 일부의 예외를 제외하고는 모두 금융리스로 회계처리해야 합니다. 즉, 리스이용자는 리스를 통해 일정 기간 동안 자산을 사용하고 경제적 효익을 얻을 권리를 보유하므로 이를 자산(사용권자산)으로 인식하고, 자산 사용에 대해 미래에 지급할 대가를 부채(리스부채)로 인식해야 합니다.

 **회계사례** 新리스기준 도입, 부채비율 오르고 영업이익률 개선 효과 발생

지난해까지 비용으로만 처리했던 운용리스가 올해부터 자산과 부채로 인식됨에 따라 부채비율 상승과 영업이익률 개선이 예상된다. 금융감독원은 한국채택국제회계기준(K-IFRS) 신(新)리스기준 도입에 따라 임차 비중이 높은 업종을 대상으로 운용리스가 재무제표에 반영된 효과를 분석했다.

1·4분기 보고서를 토대로 15개 업종(100개사)의 리스기준 변경 효과(리스이용자 기준)를 분석한 결과, 새로운 리스기준이 적용되면서 대부분 기업의 부채비율이 상승했다. 특히 운송업종과 영상·오디오업종이 가장 큰 폭으로 늘었다. 항공기 운용리스 관련 부채 인식으로 항공운송업종 기업의 부채비율이 평균 85.8%포인트 늘었으며, 영상·오디오업종의 경우, 주로 영화관 운영 등과 관련한 건물 및 시설물 리스가 많아 부채비율이 평균 85.5%포인트 늘었다. 이어 해운업(42.8%포인트), 육상운송업(33.2%포인트), 유통업(32.9%포인트) 순으로 부채비율이 높아졌다. 금감원 측은 "지주회사, 통신업, 전자부품 제조업 등의 경우 리스부채 증가금액 자체는 크지만, 총부채 대비 리스부채의 비중이 낮아 부채비율에 미치는 영향은 제한적"이라고 설명했다.

새로운 리스기준이 적용되면서 영업이익률 개선도 기대된다. 과거 리스기준에서 영업비용이었던 운용리스료가 새로운 리스기준에서는 사용권자산 감가상각비(영업비용)와 리스부채 이자비용(영업외비용)으로 나뉘어서 인식됨에 따라 영업이익의 증가효과가 발생하는 것이다.

(F뉴스 기사 편집)

제2부

제3절 유형자산 가치의 감소, 감가상각

올해 1월 초에 자동차를 5,000만원에 구입하였다면, 1년이 지난 12월 말에도 똑같이 5,000만원일까요? 그리고 3년, 5년이 지난 다음에도 이 자동차의 가치는 똑같이 5,000만원일까요? 물론, 그렇지 않습니다. 자동차를 비롯하여 건물, 기계 등과 같은 유형자산은 시간이 경과하고 계속적으로 사용함에 따라 필연적으로 그 가치가 점차 감소하게 됩니다. 따라서 정확한 재무상태를 파악하기 위해서는 가치 감소분만큼을 유형자산의 취득원가에서 줄여주는 절차가 필요합니다.

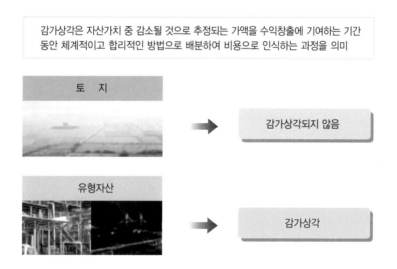

물론, 시간이 흘러도 토지와 같은 자산은 가치가 감소하지 않지만, 일반적으로 토지를 제외한 모든 자산은 시간의 흐름에 따라 가치가 감소하기 때문에 가치 감소를 자산가치 평가에 반영하는 것이 합리적입니다. 그러나 자산의 감소 가치를 정확하게 측정하는 것은 불가능하므로, 감소한 가치를 자산을 사용하여 수익을 창출하는 기간 동안 체계적이고 합리적으로 인식하는 과정이 필요합니다.

이러한 절차를 감가상각이라고 합니다. 즉, 감가상각은 토지를 제외한 유형자산의 가치 중 가치가 감소될 것으로 추정되는 가액을 수익창출에 기여하는 기간 동안 체계적이고 합리적인 방법으로 배분하여 비용으로 인식하는 과정을 말합니다.

감가상각 과정에서 유형자산의 가치 감소분은 감가상각비라는 비용으로 처리합니다. 또한, 이 감가상각비의 누적치를 감가상각누계액이라고 합니다. 따라서 감가상각누계액은 해당 유형자산의 총가치 감소분을 의미합니다. 일반적으로 감가상각누계액은 재무상태표에서 해당 유형자산의 취득원가에서 차감하는 형식으로 표시되어, 유형자산의 가치가 얼마나 감소되었는지를 나타내어 줍니다. 감가상각비를 정확히 계산하지 않으면, 유형자산의 가치가 과대평가되고 비용이 과소평가되어 회계정보가 왜곡될 수 있으므로 주의가 필요합니다.

도표 7-3 감가상각비와 감가상각누계액

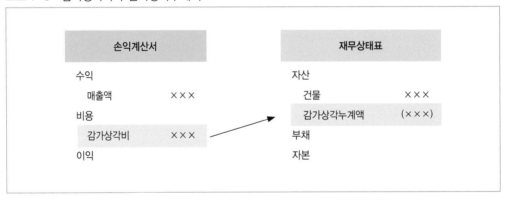

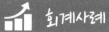

3년 탄 중고차의 감가상각을 비교해보니, 중형 세단은 70%에 가까운 잔존가치를 보였지만, 대형 세단은 50%대의 잔존가치를 보이는 것으로 나타났다. 대형 세단의 감가상각이 크다는 평가가 일정 부분 사실이라는 의미다.

C중고차사이트는 중형 세단과 대형 세단의 잔존가치를 비교하는 자료를 배포했다. 비교 대상 모델은 중형 세단인 기아차 K5와 현대차 쏘나타, 대형 세단은 현대차 그랜저와 르노삼성차 SM7이었다. 4 모델 모두 2012년 식이며 C중고차사이트의 시세가 기준이다.

신차가격이 2,815만원이었던 2012년식 K5의 현 시세는 1,920만원으로 68.2%의 잔존가치를 보였다. 쏘나타의 경우 63.9%의 잔존가치를 보였다. 2012년식 그랜저의 경우 59.4%의 잔존가치를, SM7은 55.7%의 잔존가치를 보였다. 업체 관계자는 "차량마다 상태나 조건들이 달라 일반화할 수는 없지만, 중형 세단은 소비자들이 가장 많이 찾는 차종이라 매매회전율도 빠르고 시세가 금방 떨어지지 않는다"고 설명했다. 관계자는 이어 "반면 대형 세단은 수요가 중형 세단에 비해 많지 않고, 부품과 수리비가 높아 연식이 지날수록 유지비가 커지고 소비자의 불안이 높은 감가를 일으킨다"고 설명했다.

(K일보 기사 편집)

제4절 정액법과 정률법, 글자 하나의 차이

　유형자산에 대한 감가상각비를 계산하기 위해서 고려해야 할 요소는 무엇일까요? 제3절에서 감가상각이란 자산가치 중 감소될 것으로 추정되는 가액을 수익창출에 기여하는 기간 동안 체계적이고 합리적인 방법으로 배분하여 비용(감가상각비)으로 회계처리하는 것이었습니다.

　감가상각의 정의에서 '자산가치 중 감소될 것으로 추정되는 가액'을 감가상각대상금액이라고 합니다. 이 감가상각대상금액은 취득원가에서 잔존가치를 차감한 금액입니다.

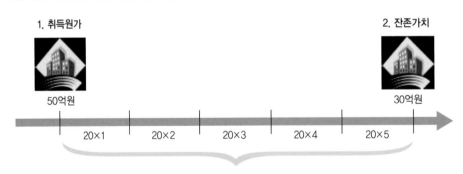

감가상각이란 자산가치 중 감소될 것으로 추정되는 가액(취득원가−잔존가치)을 수익창출에 기여하는 기간(내용연수) 동안 체계적이고 합리적인 방법으로 배분하여 비용(감가상각비)으로 회계처리하는 과정

1. 취득원가　　50억원

2. 잔존가치　　30억원

20×1　　20×2　　20×3　　20×4　　20×5

3. 내용연수

　취득원가는 자산을 취득할 때 당시의 취득가액을 말하며, 잔존가치는 자산의 사용이 종료되는 시점에서의 가치로 예상 처분가액에서 예상 처분비용을 차감하여 구합니다. 그리고 감가상각의 정의에서 '수익창출에 기여하는 기간'을 내용연수라고 합니다. 즉, 내용연수는 자산을 사용할 것으로 기대되는 기간을 말합니다. 따라서 감가상각을 하기 위해서는 자산의 취득원가, 내용연수, 잔존가치를 추정할 수 있어야 합니다.

감가상각에서 제일 어려운 문제는 실제로 한 회계기간 동안 얼마만큼의 가치가 감소하였는지를 정확히 계산하는 것입니다. 하지만 이것이 현실적으로 불가능하기 때문에 회계에서는 체계적이고 합리적인 방법을 사용하여 감가상각비를 계산하는데, 그 중 가장 대표적인 계산방법인 정액법과 정률법에 관해 알아보기로 하겠습니다.

정액법은 유형자산의 가치 감소가 시간의 경과에 비례하여 발생하는 것으로 가정하여 감가상각대상금액을 내용연수 동안 균등하게 나누어, 매년 동일한 금액을 상각하는 방법입니다. 따라서 감가상각비는 매년 일정한 금액이 되므로 정액법이라고 합니다.

구체적으로, 정액법을 적용하여 감가상각비를 계산하기 위해서는 먼저 취득원가에서 잔존가치를 차감하여 감가상각대상금액을 계산해야 합니다.

각 연도의 감가상각비는 감가상각대상금액(취득원가-잔존가치)을 내용연수로 나누어 구합니다.

도표 7-4   정액법에 의한 감가상각

정액법은 유형자산의 가치 감소가 시간의 경과에 비례하여 발생하는 것으로 가정하고, 감가상각대상금액을 내용연수 동안 균등하게 나누어 매년 동일한 금액을 상각하는 방법

감가상각대상금액

감가상각비 = (취득원가 - 잔존가치) / 내용연수

감가상각누계액 = 감가상각비 × 내용연수

　　정액법에 의한 감가상각

　　(주)중앙은 20×1년 초 업무용 복사기를 1,000,000원에 구입하였습니다. 이 복사기의 내용연수 는 3년이고, 잔존가치는 100,000원으로 추정됩니다. 정액법에 의해 연도별 감가상각비를 계산하시오. 또한, 매년 말 이 복사기의 감가상각누계액이 어떻게 재무상태표에 표시될 수 있는지 나타내시오.

▮ 풀이

먼저, 취득원가(1,000,000원)에서 잔존가치(100,000원)를 차감하여 감가상각대상금액을 계산하면 900,000원이 됩니다. 정액법에 의한 각 연도의 감가상각비는 감가상각대상금액을 내용연수로 나누어 계산하므로, 연도별 감가상각비는 다음과 같이 300,000원입니다.

$$\text{각 연도의 감가상각비} = \frac{\text{취득원가}(1,000,000원) - \text{잔존가치}(100,000원)}{\text{내용연수}(3년)}$$

또한, 감가상각비의 누적치인 감가상각누계액은 20×1년 말 300,000원이고 20×2년 말 600,000원이며 20×3년 말 900,000원으로, 아래와 같이 기계장치의 취득원가에서 차감하는 형식으로 표시됩니다. 흔히 복사기의 취득원가에서 감가상각누계액을 차감한 금액을 장부금액(또는 순장부금액)이라고 하며, 내용연수가 종료되는 20×3년 말 장부금액 100,000원은 문제에서 제시한 잔존가치와 정확히 동일합니다.

재무상태표

(단위 : 원)

	20×1년 말	20×2년 말	20×3년 말
자산			
기계장치	₩1,000,000	₩1,000,000	₩1,000,000
(감가상각누계액)	(300,000)	(600,000)	(900,000)

　　정률법은 매년도 초의 장부금액(취득원가 - 감가상각누계액)에 정률을 곱하여 당해 연도 감가상각비를 계산하는 방법입니다. 감가상각비를 계산하기 위해서는 먼저 취득원가와 잔존가치를 활용하여 감가상각률을 계산합니다. 그리고 각 연도의 감가상각비는 매년도 초 장부금액에서 상각률을 곱하여 계산합니다. 이러한 정률법에 따른 각 연도의 감가상각비는 연도마다 다른 결과가 나오게 됩니다.

예제 7-3 정률법에 의한 감가상각

(주)중앙은 20×1년 초 업무용 복사기를 1,000,000원에 구입하였습니다. 이 복사기의 내용연수는 3년이고, 잔존가치는 100,000원으로 추정됩니다. 정률법에 의해 연도별 감가 상각비를 계산하시오. 단, 상각률은 0.54로 가정하시오.

▌풀이

매년도의 감가상각비는 매년도 초 장부금액(취득원가-감가상각누계액)에 상각률을 곱하여 계산하므로 아래 표와 같습니다.

(단위 : 원)

연　　도	감가상각비의 계산	감가상각비	감가상각누계액	장부금액
20×1. 1. 2.				1,000,000
20×1. 12. 31.	1,000,000×0.54	540,000	540,000	460,000
20×2. 12. 31.	460,000×0.54	248,400	788,400	211,600
20×3. 12. 31.	211,600×0.54	111,600	900,000	100,000

그런데 20×3년도 감가상각비의 경우 20×3년 초 장부금액 211,600원에 상각률 0.54를 곱하면 114,264원인데, 위 표에는 111,600원으로 기록되어 있습니다. 그 이유는 내용연수가 종료되는 연도에는 장부금액이 잔존가치와 동일하도록, 감가상각비를 연초 장부금액 211,600원에서 잔존가치 100,000원을 차감하여 계산하기 때문입니다.

정액법은 감가상각대상금액을 내용연수 동안 균등하게 나누어 매년 동일한 금액을 상각하는 방법이고, 정률법은 매년도 초의 장부금액에 정률을 곱하여 당해 연도 감가상각비를 계산하는 방법이라고 하였습니다. 앞의 예제를 통해 정액법을 사용했을 경우와 정률법을 사용했을 경우를 비교해서 20×1년, 20×2년, 20×3년의 감가상각비를 제시하면 다음과 같습니다.

도표 7-6 **정액법과 정률법의 감가상각비**

(단위 : 원)

연 도	정액법에 의한 감가상각비	정률법에 의한 감가상각비
20×1. 12. 31.	300,000	540,000
20×2. 12. 31.	300,000	248,400
20×3. 12. 31.	300,000	111,600

다음 〈도표 7-7〉에서 보는 바와 같이 정액법은 매년 300,000원이라는 균등액을 감가상각하지만, 정률법은 초기연도에 상대적으로 큰 금액인 540,000원을 감가상각하고, 둘째 연도부터는 감가상각 금액이 점차 급격하게 줄어드는 것을 알 수 있습니다. 정률법은 이처럼 초기에 많은 금액을 감가상각하고 점차로 급격하게 줄여서 감가상각하기 때문에 가속상각법이라고도 합니다.

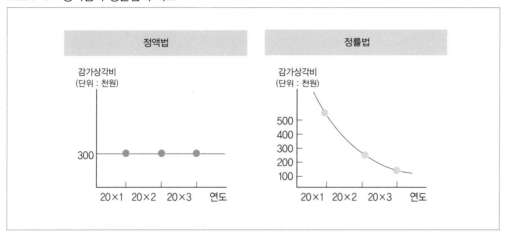

이렇게 기업이 어떤 감가상각 방법을 적용하느냐에 따라 감가상각비가 변동되기 때문에, 회계정보이용자들은 기업이 선택·적용한 감가상각 방법에 대해 주목해야 합니다. 특히, 아래 사례와 같이 기업이 감가상각 방법을 변경하여 이익이 증가하는 경우라도 기업의 재무상태나 경영성과가 실질적으로 개선된 것을 의미하는 것은 아니기 때문에 관련 회계정보를 이용할 때 더욱 주의하여야 합니다.

회계사례 대우조선, 감가상각 연한 조정으로 7200억 이익 늘렸다

대우조선해양이 감가상각 내용 연수를 늘려 최근 6년간 7,200억원 이상의 비용을 줄여 이익을 높인 것으로 나타났다. 대우조선해양이 2013년과 2014년도 영업흑자 사업보고서에 2조원의 부실에 대한 오류가 있다며, 해당 연도의 영업실적을 흑자에서 적자로 각각 정정하는 공시를 한 데 이어 감가상각 연한 조정을 통한 이익조정도 논란이 예상된다. 감가상각 연한 조정은 회계조작이나 분식회계는 아니지만, 동종 업종의 다른 업체들과는 다른 감가상각 연한을 사용해 일반 투자자들에게 혼란을 줄 수 있어 또 다른 논란의 불씨를 안고 있다.

최근 10년간 대우조선해양의 사업보고서를 분석한 결과 동종업종인 현대중공업이나 삼성중공업의 감가상각비 연한과 달리 유형자산의 감가상각 연한을 최근 잇따라 늘려 비용을 줄여온 것으로 나타났다. 업계 평균이나 대우조선 해양의 과거 감가상각 비율을 감안하면 7,200억원 이상의 비용이 덜 반영된 것으로 회계전문가들은 보고 있다

대우조선해양은 2011년에 선반·항공기의 내용연수를 15년에서 '12~40년'으로 조정했다. 또 기

계장치는 '4~12년'에서 '5~34년'으로, 차량운반구는 '4~6년'에서 '3~30년'으로 늘렸다. 건물은 '15~50년'에서 '12~51년'으로 조정했다. 2014년에는 건물의 내용연수를 '15~51년'에서 '15~60년'으로 다시 늘렸다. 경쟁사인 현대중공업이나 삼성중공업의 경우 건물은 '15~50년'이나 '25~50년'으로 감가상각 기간을 정하고 있다. 선박의 경우 현대중공업은 '15년 또는 25년'으로 정하고 있으며 기계장치는 삼성중공업이 '10~30년'으로 정하고 있다. 이처럼 감가상각 기간을 늘리면 매년 계산되는 감가상각 비용이 줄어 영업이익이 늘어나게 된다.

(M투데이 기사 편집)

📈 회계상식   생산량비례법과 연수합계법

감가상각 방법은 위에서 설명한 정액법과 정률법 이외에도 생산량비례법과 연수합계법 등 다양한 방법이 적용되고 있습니다.

생산량비례법은 보유 중인 자산의 가치가 생산량에 비례하여 감소하는 것을 전제로 감가상각비를 계산하는 방법입니다. 이 방법은 주로 광산, 유전, 산림 등과 같은 고갈성 자산의 채취산업에서 많이 사용됩니다.

연수합계법은 정률법과 유사하지만, 정률법에서 상각비의 체감이 급격하기 때문에 체감의 속도를 보다 완화하기 위한 대용법이라고 할 수 있습니다.

별첨 제조회사의 제품제조원가는 어떻게 계산되는가?

    백화점과 같이 다른 기업이 만든 물건을 단순히 사다가 파는 기업을 상기업이라 하고, 물건을 직접 생산하여 파는 기업을 제조기업이라고 합니다. 여기서 단순히 사다 팔게 되는 물건을 상품이라 하고, 직접 생산하여 팔게 되는 물건을 제품이라 부릅니다.

    제조기업은 상기업과는 달리 공장설비를 통해 직접 제품을 생산하는데, 이러한 제품을 판매 가능한 상태까지 만드는 데 소요되는 비용이나 부대비용을 정확히 산정해 내는 일은 그리 단순한 문제가 아니며 복잡한 과정과 절차를 필요로 합니다. 제품을 생산하는 데 투입된 원가가 얼마인지를 알아야 제품의 판매를 통해 얼마나 돈을 벌어들이는지를 파악할 수 있는데, 결국 제조기업의 경우 제품제조원가를 제대로 산정해야지만 과연 기업이 '본전이라도 벌고 있는 것인지' 아니면 '이익을 내고 있는 것인지'를 정확히 판단할 수 있는 것입니다. 나아가 제품제조원가를 기반으로 기업이 생산하는 제품들의 개당 원가를 추적해 낼 수 있는 것입니다.

도표 7-8   당기총제조원가의 구성항목

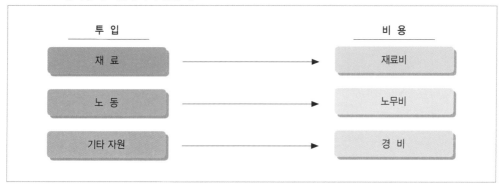

구체적으로, 제품제조원가는 ① 재료 등을 구입하고 ② 노동이나 ③ 기타 자원을 투입하여 판매 가능한 상태의 최종제품을 생산하는 데 소요되는 금액이라는 관점에서 산정됩니다. 즉, 제품을 생산하기 위해서는 ① 재료, ② 노동, ③ 기타 자원을 투입하게 됨을 대개 짐작할 수 있을 것입니다.

여러분의 이해를 돕기 위해 고급침대의 경우를 가정해 보겠습니다. 먼저, 고급침대를 만들기 위해서는 기본적으로 침대의 틀(프레임)을 구성하는 나무가 필요할 것입니다. 또한, 침대 매트리스를 구성하는 스프링, 섬유, 필요에 따라서는 고무 등의 재료 및 각종 부속품이 필요할 것입니다. 어쨌든 침대를 제작하기 위해 사용되는 물품인 각종 나무, 철이나 기타 금속, 섬유, 고무 등의 재질로 구성되는 각종 재료가 투입되어야 합니다. 기업이 제품생산을 위해 투입하는 재료의 구매원가가 바로 재료비입니다.

재료가 준비되었으니 실제로 침대를 가공해야 할 것입니다. 확보된 재료를 가지고 누군가의 지시와 작업에 의해 가공이 이루어져야 합니다. 재료를 가공하여 완성된 제품을 생산하기 위해서는 공장장, 작업자, 임시고용자에 이르기까지 다양한 노동이 투입되어야 합니다. 이렇게 제품생산을 위해 어떤 형태로든 고용된 인력은 노동을 제공하게 되고, 해당 기업은 노동을 투입하였으므로 노동에 대한 대가인 노무비를 감수하여야 합니다.

제조공정에 투입할 재료와 노동이 확보되었으니, 이제는 정작 필요한 것은 무엇일까? 현재 대부분의 제조기업은 생산공장, 설비 및 기계를 확보하고 자동화를 통해 대량의 제품을 신속하게 생산하고 있습니다. 이렇게 제품의 대량생산을 위해 필요한 생산공장 내에서 설비 및 기계 등의 가동 및 운영을 위해 각종 자원이 투입되고 제품생산 과정에서는 각종 제비용이 지속적으로 발생하게 되는데, 이를 경비라 합니다.

여기서 경비에는 앞서 제품생산을 위해 소요되는 재료비, 노무비 이외의 비용이 모두 포함되므로, 추가적으로 소요되는 비용항목은 나타낼 필요가 없습니다. 따라서 제조기업이 당해 제품을 생산하기 위해 재료, 노동, 기타 자원을 투입하고 이에 따라 재료비, 노무비, 경비라는 비용이 발생한다고 정리하여도 무방합니다. 이렇게 해서 제품제조원가는 판매 가능한 상태의 최종제품을 생산하는 데 소요되는 비용이라 보았는데, 여기에는 재료비, 노무비, 경비의 항목이 포함되는 것입니다.

그런데 애초에 우리의 질문은 '제품을 생산하기 위해 얼마의 돈이 드는가?'임을 기억해야 할 것입니다. 이러한 질문에 해답을 얻기 위해선 발생한 비용의 원천이 무엇인지에 따라 집계하는 것보다는, 발생한 비용을 결국 해당 최종제품에 직접적으로 추적할 수 있는지에 따라 집계하는 것이 용이합니다. 다음의 원가의 구성과 관련된 〈도표 7-9〉는 원가를 발생한 비용의 원천이 무엇인지에 따라 분류하는 것과 해당 제품으로 발생한 비용을 추적할 수 있는지에 따라 분류하는 것과의 관계를 보여주고 있습니다. 먼저, 그림 좌측의 재료비, 노무비, 경비에 주시하여 보겠습니다.

첫째, 재료비의 경우 해당 제품에 추적할 수 있는가에 따라 직접재료비와 간접재료비로 구분합니다. 해당 제품에 직접 추적할 수 있으면 직접재료비, 제품에 직접 연계시키는 것이 어려울 때에는 간접재료비라고 합니다.

둘째, 노무비의 경우에도 해당 제품의 추적 가능성에 따라 직접노무비와 간접노무비로 구분합니다. 즉, 해당 제품에 직접 투입되어 추적할 수 있으면 직접노무비, 제품에 직접 연계시키는 것이 어려울 때에는 간접노무비라고 합니다.

셋째, 경비의 경우 일반적으로 해당 제품에 직접적으로 추적하는 것이 쉽지 않습니다. 또한, 간접재료비와 간접노무비도 해당 제품에 직접적으로 추적이 어려운 만큼, 간접재료비와 간접노무비 및 경비를 구태여 그 원천별로 구분하여 명명할 필요 없이 이 세 가지 비용을 함께 모아서 제조간접비로 정리할 수 있습니다.

도표 7-9 발생된 원가의 제조원가명세서상 표시

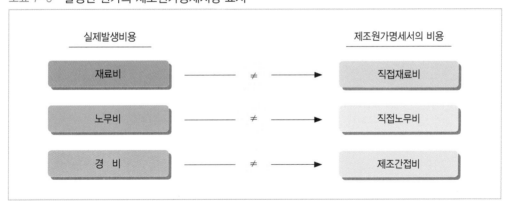

결국 제조원가는 〈도표 7-9〉의 우측과 같이 직접재료비, 직접노무비, 그리고 제조간접비로 구분하여 표현됩니다. 통상 기업들이 사용하는 제조원가명세서에서도 당기총제조원가를 구성하는 항목은 해당 제품으로의 비용의 추적 가능성을 고려하여 직접재료비, 직접노무비, 제조간접비로 구분합니다.

한편, 원가를 분류하는 추가적인 방법으로, 제품생산을 위해 투입된 총원가를 집계할 때 변동비와 고정비로 구분하는 방법에 대해 살펴보도록 하겠습니다. 이 방법은 제품을 추가로 생산한다면 비용이 늘어나는지 그대로인지에 따라 분류하는 방법을 의미합니다. 즉, 변동비는 제품생산량이 증가함에 따라 비례적으로 비용이 증가하는 항목을 의미하고, 고정비는 제품생산량이 증가하더라도 비용의 변화가 없는 항목을 의미합니다.

그렇다면 직접재료비, 직접노무비, 제조간접비라는 각 원가항목에서 변동비와 고정비의 개념을 적용해 보면 어떠한 구조가 될지를 확인해 보겠습니다. 직접재료비의 경우 최종제품에 직접적으로 추적할 수 있는 재료비항목으로 생산량에 비례하여 발생하는 특성을 가지게 됩니다. 또한, 직접노무비의 경우도 최종제품에 직접적으로 추적할 수 있는 노무비항목으로 생산량에 비례하여 해당 노동에 대해 지급하게 됩니다. 따라서 직접재료비와 직접노무비는 일반적으로 변동비로 분류하게 됩니다. 그런데 제조간접비의 경우는 직접재료비와 직접노무비가 아닌 비용으로, 제품생산을 위해 투입된 모든 자원의 소비항목입니다. 제조간접비 중에서는 생산량에 비례하여 발생하는 항목과 그렇지 않은 항목으로 구분될 수 있습니다. 따라서 제조간접비는 생산량에 비례하여 발생하는 변동비적 성격을 가진 변동제조간접비와 생산량과 무관하게 발생하는 고정비적 성격을 가진 고정제조간접비로 구분하게 됩니다.

제 8 장

보이지 않는 그대,
무형자산

제 8 장의 학습목표는 무형자산에 대해 이해함에 있습니다.

이러한 학습목표를 달성하기 위해 다음의 내용을 학습하겠습니다.

첫째, 무형자산의 종류와 상각에 대해 알아보겠습니다.
둘째, 영업권에 대해 알아보겠습니다.
셋째, 연구개발비에 대해 알아보겠습니다.

제1절 형체 없는 무형자산

자산이란 일반적으로 눈에 보이는 것이 보통입니다. 예를 들어, 현금이나 유가증권(주식, 채권 등), 재고자산, 건물이나 비품과 같은 유형자산 모두 외형적으로 어떤 형태를 갖추고 있습니다. 그런데 물리적인 실체가 없는 유령자산도 있는데, 이것이 무형자산입니다. 그렇다면 물리적인 실체가 없어도 자산이 될 수 있다는 말인데, 자산이란 특정의 재산적 가치를 지닌 것만을 의미하는 것이 아니라 장래에 회사에 어떤 효익을 가져다 줄 수 있는 것을 말하기 때문에 물리적인 실체가 꼭 있어야만 하는 것은 아닙니다.

즉, 무형자산은 장기간 영업 또는 생산활동에 이용할 목적으로 보유하고 있는 것으로 다음의 조건을 충족시키는 물리적 형태가 없는 자산을 말합니다. 첫째, 무형자산이 가지고 있는 법률상의 권리를 식별할 수 있어야 합니다. 둘째, 과거 사건의 결과로 현재 통제하고 있어야 합니다. 셋째, 보유하는 무형자산의 취득원가를 측정할 수 있어야 합니다. 또한, 그 측정 결과를 누구라도 신뢰할 수 있어야 합니다. 넷째, 그 무형자산을 보유함으로써 미래에 경제적 효익이 유입될 가능성이 높아야 합니다. 이러한 조건은 영업권을 제외한 모든 무형자산에 적용됩니다. 무형자산은 기업가치에 큰 영향을 미치는데, 다음 사례를 통해 알 수 있습니다.

도표 8-1 무형자산의 정의

회계사례　기업가치, 무형자산에 주목하자!

　　기업가치를 결정하는 요소는 '매출, 이익 등과 같이 눈에 보이는 요소'와 'CEO 역량, 기술력, 지적 재산권, 브랜드 인지도 등 눈에 보이지 않는 요소'로 구분할 수 있다. 인터넷과 모바일 분야의 급성장, 바이오 헬스케어 산업이 발전하면서 △인터넷과 모바일 업종에서는 단기적 실적보다는 가입자 수나 편리성, 접근성 등이 △바이오 헬스케어 업종에서는 임상의 단계, 파이프 라인의 유효성, 차별화된 기술력 등이 더 중요한 팩터(Factor)가 됐다.

　　이처럼 기업가치에 무형자산이 더 큰 영향을 주면서 미국에서는 구글과 같은 인터넷 및 모바일 플랫폼 기반 기업이 시가총액 상위 10개 기업 중 7개를 차지했으며, 한국에서는 카카오 시총이 현대자동차를 넘어서는 상황이 연출됐다. 이러한 추세는 앞으로 더욱 가속화될 것으로 전망된다.

　　미국 IR협회(NIRI, National Investor Relations Institute) 자료에 따르면, 2010년 이후 기업가치에서 무형자산이 차지하는 비중이 80%로 보고되는 등 무형자산 비중은 역사상 최대치를 기록 중이다. 글로벌 상위 기업 무형자산 비중을 살펴보면, 애플과 구글 등 소비재 기업들이 88~98%를 차지하는 것으로 조사됐다(Brand Finance Institute 2017). 과거엔 재무제표만을 분석했다면, 현재는 재무제표뿐만 아니라 숨어 있는 경쟁력, 즉 무형자산을 분석해야 정확한 기업가치를 전망할 수 있다는 점을 시사한다.

(P경제 기사 편집)

　　무형자산은 크게 법률적으로 그 사용권을 보장받은 권리와 영업권의 두 가지 형태로 나눌 수 있습니다. 법률적인 권리에는 특허권이나 실용신안권, 의장권, 상표권과 같은 산업재산권이 해당됩니다. 이들은 모두 산업재산권등록을 함으로써 일정 기간 동안 법적으로 해당 회사가 독점적·배타적으로 사용할 수 있는 권리를 부여받고 이에 따라 장래의 수익 획득에 공헌할 수 있는 것이기 때문에 비록 형체는 없다 하더라도 그 자산성이 인정되는 것입니다.

　　이에 반해 영업권이란 법률적이라기보다는 경제적인 것으로서 원래의 개념상으로는 규모가 같은 다른 회사보다 더 많은 이익을 낼 수 있는 초과이익의 획득능력을 화폐적 가치로 평가한 것을 말합니다. 그러나 영업권을 이와 같이 정의하고 평가하면 객관적인 평가가 불가능하기 때문에 실제로는 그 초과이익의 기대치에 대해서 대가를 지급한 금액만큼을 영업권으로 봅니다. 즉, 장래에 초과이익이 예상된다면 회사를 파는 사람도 그 대가를 분명히 받을 것이고 또 사는 사람도 그 대가를 기꺼이 지급할 것이므로 회사를 인수 또는 합병할 때 그 회사의 실제 순자산가치보다 더 많은 대가를 지급하게 되면 이를 바로 영업권으로 보는 것입니다.

점포를 포함하여 영업양수를 할 때 건물가액에 얹어서 지급하는 권리금 따위가 이에 해당하는 것입니다. 예를 들어, 순자산가치가 시가로 10억원인 회사를 인수하면서 12억원을 지급하였다면 2억원이 바로 영업권의 가치가 되는 셈입니다. 무형자산의 종류는 다음과 같습니다.

도표 8-2   무형자산의 종류

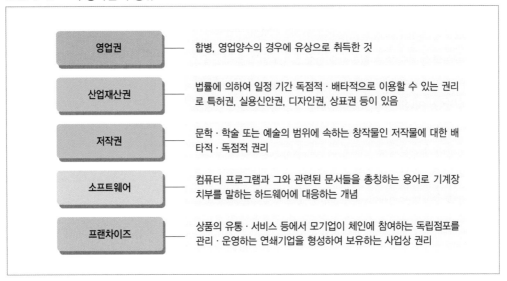

다음 사례를 통하여 기업가치 중 무형자산의 중요성을 파악해 보고 여러분 인생의 무형자산을 생각해 보기 바랍니다.

회계사례 　인생의 무형자산과 유형자산

　　인생에 있어서 한 개인이 가진 재산, 부동산 등은 확실히 유형자산이겠지요. 하지만 인생의 평가
에 있어서는 한 개인이 지닌 지위, 학술적 업적, 대중성 등도 다른 사람들이 객관적으로 인정한다는
점에 있어서, 유형자산 쪽에 더 가까울 것입니다. 아마도 이력서나 명함에 적어 넣을 수 있는 것은
유형자산에 더 가깝겠지요. 우리가 살아가는 동안 나를 개인적으로 모르는 사람들은 이러한 유형자
산을 통해서 저를 평가할 것입니다.

　　한 인간의 인생에 있어서 진정한 의미의 무형자산은 어떤 것들이 있을까요? 가장 우선시되는 무
형자산은 가정입니다. 가정은 한 인간의 무형자산 중 가장 소중한 것 중 하나입니다. 인생에 있어서
중요한 또 다른 무형자산은 만나면 즐거운 친구와 동료들일 것입니다. 또 다른 중요한 무형자산은
인생에 대한 자신감, 혹은 심리학적 용어로 자기만족감이겠지요. 하루 하루 우리는 얼마나 많은 소
득을 올리는지, 얼마나 좋은 차를 몰고 다니는지, 얼마나 좋은 골프장에서 얼마나 좋은 점수를 올리
는지 등에 대해서 생각하며 살아갑니다. 하지만, 아주 오랜 시간이 지난 후에 우리의 삶을 진정 풍요
롭게 해 주는 것은 이러한 유형자산이 아닌 가정, 동료, 자신감, 용기 같은 무형자산들입니다. 유형자
산은 이러한 인생의 무형자산을 지키기 위한 도구에 불과합니다.

(최명기, "인생의 무형자산과 유형자산" 기사 편집)

　　무형자산의 취득원가는 그 자산을 취득하는 데 지급한 금액, 즉 구입가격에 기업에서 사
용 가능한 상태에 도달할 때까지 발생한 모든 지출, 즉 부대비용을 합산해서 구합니다. 그
러나 영업권의 경우에는 한 번 짚고 넘어가야 할 사항이 있습니다. 인수 · 합병으로 외부에서
구입한 영업권은 무형자산으로 인식할 수 있으나, 내부적으로 창출된 영업권은 무형자산으로
인식하지 않습니다.

도표 8-3 무형자산의 취득원가

• 무형자산의 취득원가 계산 :
  구입가격 + 취득부대비용(사용 가능한 상태에 도달할 때까지 발생한 모든 지출)

| 무형자산의 취득원가 | = | 구입가격 | + | 취득부대비용 |

• 영업권의 경우 :
  인수·합병으로 외부에서 구입한 영업권은 무형자산으로 인식할 수 있으나 내부적으로 창출된
  영업권은 무형자산으로 인식하지 않음

회계사례 국제회계기준위 "가상화폐, 화폐도 금융자산도 아니다"

국제회계기준위원회(IASB) 산하 국제회계기준(IFRS) 해석위원회는 최근 영국 런던에서 회의를 열어 가상화폐에 대한 회계처리를 어떻게 해야 할지 논의했다. IFRS는 한국을 포함한 세계 130여 개국에서 쓰는 회계원칙이다. 현행 IFRS에는 가상화폐 관련 규정이 없어 각국이 혼란을 겪어왔다.

전문가들은 수차례 논의를 거쳐 가상화폐를 금융자산으로 분류할 수 없다고 결론 내렸다. 일부 가상화폐가 재화나 서비스의 교환수단으로 사용될 수는 있지만, 현금처럼 재무제표의 모든 거래를 인식할 만한 대상은 아니라고 판단했다. 다른 기업의 지분이나 다른 사람의 현금 등 금융자산을 얻을 계약상 권리를 갖는 금융자산으로서도 요건을 갖추지 못한다고 봤다. 쉽게 말하면 가상화폐는 현금도 아니고 은행 예금, 주식, 채권, 보험, 신탁 같은 금융상품도 아니라는 결정이다. 위원회는 가상화폐를 '무형자산'이나 '재고자산'으로 분류하는 것이 맞다고 봤다. 통상적인 영업 과정에서 판매를 위해 보유하거나 중개기업으로서 매매하는 가상화폐는 재고자산으로 보고, 나머지는 모두 무형자산에 해당한다는 설명이다.

전문가들은 이번 유권해석이 가상화폐의 성격을 정의하는 첫 국제기준으로서 의미가 있다고 평가했다.

(H경제 기사 편집)

무형자산 권리의 감소

무형자산도 유형자산과 같이 시간의 흐름에 따라 보유가치가 감소하게 됩니다. 이처럼 무형자산의 가치 감소분을 인식하는 것을 상각이라고 하는데, 무형자산 금액에서 가치 감소분을 직접 차감하는 방법으로 인식합니다. 무형자산의 상각은 유한한 내용연수의 무형자산인가 아니면 비한정 내용연수의 무형자산인가에 따라 다르게 적용됩니다.

먼저, 유한한 내용연수를 가진 무형자산은 정액법, 정률법, 생산량비례법 중에서 합리적인 방법을 선택하여 내용연수 동안 체계적으로 배분하되, 무형자산에서 직접 상각하는 회계처리를 합니다. 이때 추정잔존가치를 원칙적으로 영(0)으로 간주하기 때문에 상각대상금액은 일반적으로 무형자산 항목 금액이 됩니다.

비한정 내용연수를 가진 무형자산은 상각을 하지 않습니다. 그러나 가치 손상이 있을 경우 손상차손을 인식하고, 내용연수가 변동하여 유한하게 되면 재조정하는 절차를 진행합니다.

📈 회계사례   **무형자산의 손상차손**

무형자산의 진부화 및 시장가치의 급격한 하락 등으로 인해 무형자산의 회수 가능액이 장부금액에 중요하게 미달하는 경우에는 장부금액을 회수 가능액으로 조정하고 그 차액을 무형자산손상차손으로 처리합니다.

특히 비한정 내용연수의 무형자산이나 영업권에 대해서는 매 결산기 말에 회수 가능액을 반드시 추정하여 손상차손을 반영해야 합니다.

다음 사례를 통하여 영업권은 상각을 하지 않지만 손상을 인식한다는 점을 이해하기 바랍니다.

회계사례   '황금알' 낳던 더페이스샵마저 … 고개 드는 '영업권 리스크'

LG생활건강의 2018년 감사보고서에 따르면 더페이스샵 영업권에 대해 290억원의 손상차손이 발생한 것으로 드러났다. 더페이스샵의 현금창출로 인한 회수가능금액(3,733억원)이 장부금액(4,023억원)보다 낮아졌기 때문이다. 장부금액과 회수가능금액의 차이인 290억원이 손상차손으로 인식됐다. 사실 무형자산에 잡히는 영업권은 2017년 7,110억원에서 2018년 8,249억원으로 16% 늘었다. 하지만 더페이스샵은 반대로 손상차손이 발생한 것이다.

영업권은 M&A시 기업의 순자산가치 외에 영업 노하우, 브랜드 인지도 등 장부에는 반영되지 않는 무형자산으로 경영권 프리미엄과 비슷한 개념으로 사용된다. 한 회계 전문가는 "영업권은 M&A를 하면서 지급한 '웃돈'인데 손상차손이 발생한다는 것은 M&A 이후 시너지가 크지 않다는 뜻"이라고 설명했다.

영업권 손상차손이 발생하면 기타영업외비용에 반영돼 당기순이익이 줄어들게 된다. 자산총계에도 영향을 미친다. LG생활건강의 지난해 영업권 규모는 총 자산의 15.64%를 차지한다. 영업권 손상이 커지면 재무제표에 타격이 불가피하다.

(N뉴스 기사 편집)

무형자산 인식과 상각

다음은 (주)중앙의 특허권과 관련된 자료입니다. 다음 각 질문에 답하시오. (주)중앙이 20×1년 12월 31일 기록할 특허권상각액은 얼마입니까?

- 20×1년 1월 2일 태양열에너지 저장기술에 관한 특허권을 5,000,000원에 현금 취득
- 특허권은 정액법 상각, 내용연수 5년 추정, 잔존가치 0원

▌풀이

취득원가(5,000,000원)와 잔존가치(0원)를 활용하여 정액법에 의한 각 연도 특허권상각비를 계산하면 1,000,000원이 됩니다.

* 특허권상각비 = (취득원가 − 잔존가치)/내용연수 = (5,000,000원 − 0원)/5년
           = 1,000,000원

제 8 장

금융사례　SK하이닉스, 10조 투자 '인텔 낸드' 인수

SK하이닉스가 미국 인텔사의 낸드플래시 메모리 반도체 사업 부문을 인수한다. 국내 최대 규모 '빅딜'로 SK하이닉스는 삼성전자에 이어 세계 낸드 시장 점유율 2위 자리에 오르고, 한국 반도체 기업들의 메모리 부문 세계 1위 자리도 더욱 굳어질 것으로 전망된다.

SK하이닉스는 20일 인텔의 메모리 사업 부문인 낸드 부문을 90억달러(약 10조 3,104억원)에 인수하는 내용의 양도·양수 계약을 체결했다고 발표했다. 인수 부문은 인텔의 솔리드스테이트드라이브(SSD) 사업 부문과 낸드 단품 및 웨이퍼 비즈니스, 중국 다롄 생산시설을 포함한 낸드 사업 부문 전체다. 인수금액은 2016년 삼성전자의 '하만' 인수금액(80억달러)을 뛰어넘는 국내 인수·합병(M&A) 사상 최대 규모다.

현재 D램 부문에서 삼성전자에 이어 세계 2위인 SK하이닉스는 이번 인수로 낸드플래시 부문에서도 세계 5위에서 2위로 올라서게 된다. SK하이닉스는 빅데이터 시대를 맞아 급성장하고 있는 낸드플래시 분야에서 경쟁력을 강화해 글로벌 선두권 기업으로 도약한다는 계획이다.

(K비즈 기사 편집)

제3절 보이지 않는 초과이익 창출능력

영업권은 주로 기업이 다른 기업을 인수할 때 발생합니다. 가령, 우리가 물건을 살 때 그 물건에 대한 가치만큼 대가를 지불하고 구입합니다. 기업도 마찬가지입니다. 기업이 사고 파는 대상이 되면, 그 기업의 가치만큼 대가를 지급하고 구입하게 될 겁니다. 물건을 구입할 때에도 공급보다 수요가 많으면, 정가보다 더 높은 금액을 지급해야 할 때도 있을 것입니다. 기업은 그 기업이 보유한 현재의 가치 이외에 미래에 이 기업이 창출할 수 있는 잠재력이 있을 수 있습니다.

그러면 미래에 높은 잠재력이 있는 기업을 구입하려면 현재의 가치만큼 대가를 준다고 하면 팔지 않을 수도 있습니다. 그렇지 않으면, 더 높은 금액을 제시하는 다른 기업에게 팔 수도 있습니다.

이와 같이 현재 그 기업의 가치 이상으로 추가적으로 지급하는 금액은, 이 기업의 미래 영업력이나 잠재력에 대한 추가적인 대가를 지급하는 것이므로, 이는 별도로 기록하는 것입니다.

일반적으로 기업의 가치를 따질 때는 순자산가액을 사용합니다. 즉, 총자산에서 부채를 제외한 순수한 자본금액입니다. 이 금액이 기업을 인수할 때 명목적인 인수금액이 된다면, 실제로 거래된 금액이 있을 것입니다. 그리고 실제 거래금액에서 순자산가액을 뺀 금액을 영업권으로 처리하게 됩니다.

도표 8-4 　영업권의 산정

순자산의 공정가치

순자산의 공정가치 = 개별자산의 공정가치의 합계 − 개별부채의 공정가치의 합계

영업권의 취득원가

영업권 취득원가 = 자산 · 부채의 인수대가 − 순자산의 공정가치

예제 8-2　　영업권

(주)중앙바이오는 20×1년 1월 2일 동종업계의 (주)백석미생물을 현금 5,000만원을 지급하고 인수하였습니다. 다음은 (주)백석미생물의 재무상태표입니다. (주)중앙바이오가 기록할 영업권은 얼마입니까?

재무상태표

(단위 : 만원)

	장부가치	공정가치		장부가치	공정가치
재고자산	900	1,000	차입금	300	500
건　　물	1,000	2,000			
토　　지	500	1,500			

▌ **풀이**

순자산공정가치 : 4,500만원 − 500만원 = 4,000만원
영업권 : 5,000만원 − 4,000만원 = 1,000만원

　　카카오가 국내 음원시장 점유율 1위인 '멜론'을 통해 전개하고 있는 음악사업에 대한 영업권을 1조원 이하로 평가했다. 지난 2016년 멜론을 운영하던 로엔을 1조 8,700억원에 인수한 이후 같은 해 말 카카오는 음악서비스 사업 영업권을 1조 4,637억원으로 책정한 바 있다. 카카오의 재무제표에 따르면 지난해 이 회사의 음악서비스 사업부문 영업권 가치는 8,686억원이다. 지난 2018년 대비 3,527억원의 손상이 발생한 것이다. 음악서비스 부문 영업권이 1조원 아래로 떨어진 것은 카카오가 로엔을 인수한 2016년 이후 3년 만에 처음이다.

　　카카오 측은 "최근 무형자산 가치평가를 하며 회계기준을 보수적으로 적용하는 추세"라며 보수적 가정으로 이를 선반영해 영업권을 집계했다고 설명했다. 다른 사업의 영업권에 비해 손상폭이 큰 점을 감안하면 음원 사업 부문의 성장가능성을 유독 낮게 본 것으로 보인다.

　　실제 인수 당시 60%에 달했던 멜론의 음원시장 점유율은 지난달 기준 38.6%까지 급락했다. 시장조사업체 K에 따르면 지난달 멜론의 월간실사용자(MAU) 수는 610만 명이었다. 지난해 상반기까지만 해도 멜론의 MAU가 650만 명 선을 유지했던 것을 감안하면 이용률 감소세가 뚜렷하다. 멜론의 이용률이 감소한 것과 달리 경쟁업체들의 공세는 더 거세지고 있다. 2위 사업자인 지니뮤직은 지난 2018년에 음원플랫폼 '엠넷'을 운영하는 CJ디지털뮤직을 인수하며 급부상하고 있다.

　　음원업계 관계자는 "경쟁이 치열하기는 하지만 아직 멜론이 건재한 모습을 보이고 있다"면서도 "음원업체들의 출혈경쟁과, 세계 음원시장 1위 스포티파이의 국내 진출설, 유튜브 뮤직의 성장은 부담이 되는 요소가 될 것"이라고 말했다.

(D타임즈 기사 편집)

제4절 연구개발비의 자산처리와 비용처리

기업에는 연구개발비라는 항목이 있습니다. 1990년대까지만 해도 연구개발비는 거의 대부분 자산으로 처리하였습니다. 연구개발은 미래에 더 높은 수익을 창출하기 위해서 지출하는 것이므로 당연히 자산으로 처리해야 한다고 생각했기 때문입니다.

그런데 1990년대 말 벤처 붐이 일어나면서 아이디어 하나로 창업을 한 벤처기업이 넘쳐났고, 그런 기업들은 연구개발비가 유일한 지출이었지만 아직 연구개발 중이므로 매출은 전혀 없었습니다. 그런데 매출이 전혀 없는 벤처기업의 연구개발비를 비용으로 처리한다면 손실폭이 커지고 자금조달은 아주 어려워질 것입니다. 그래서 벤처기업들의 연구개발비가 자연스럽게 자산으로 분류되었던 것입니다.

그러나 2000년대 초 벤처 거품이 꺼지고 나서 각종 게이트에 벤처 1세대들이 많이 관련되어 있다는 것을 알게 되었고 주식시장에서 투자받은 돈을 로비자금에 충당하고 테헤란로에 좋은 건물을 짓고 부동산 투기를 한 것들이 밝혀지게 되었습니다. 그때부터 연구개발비에 대한 시각이 달라졌습니다. 그 후부터는 연구개발비를 무조건 자산으로 처리해 주지 않게 된 것입니다. 만약, 연구개발비를 자산으로 처리하려면 상당히 까다롭게 규정된 미래수익창출 가능성을 증명해야만 가능합니다. 연구개발을 열심히 하여 미래에 수익을 내고 싶다는 것은 누구나 갖는 마음이지만 이것을 증명한다는 것은 전문가인 회계사한테도 쉬운 일이 아닙니다.

그렇다면 회사에서는 연구개발비를 어떻게 처리할지 알아보겠습니다. 일반적인 회사는 새로운 제품을 개발하고, 기존의 제품에 새로운 기술을 접목해 보다 부가가치가 높은 제품을 출시해야 높은 수익을 보장받을 수 있습니다. 이와 같은 업무를 수행하기 위해서 회사는 꾸준히 연구활동을 수행하고, 새로운 제품개발에 박차를 가해야 합니다. 그렇지만, 연구활동이나 개발에는 엄청난 자금이 투자되어야 할 때도 있습니다. 이러한 경우 이것들을 비용으로 처리한다면, 배보다 배꼽이 더 큰 상황이 발생할 수도 있습니다. 따라서 향후에 우리 회사의 부가가치를 증대시키기 위해서 투자한 금액에 대해서는 투자된 금액을 자산으로 처리해 단기적인 경영상의 악화를 없애는 방안으로 개발비를 자산으로 인정하고 있습니다. 그러면 어떤 경우의 개발이, 이 개발비의 범주에 포함될 것인가가 문제일 것입니다.

이를 살펴보면 첫째, 신제품, 신기술 등의 개발과 관련된 것이어야만 합니다. 따라서 기존의 제품에 대한 보완이나 변경과 같은 것은 여기에 포함될 수 없습니다. 둘째, 한 회사에서 여러 종류의 제품이나 기술을 새롭게 개발하는 경우, 특정 제품이나 기술에 사용한 비용임이 명확해야 합니다. 즉, 다수의 제품개발을 위해 공통적으로 투입된 비용을 개별 제품별로 나눌 수 없다면, 이는 개발비로 인정이 안 됩니다. 마지막으로 특정 제품을 개발한다고 하더라도 경제적 효익을 예상할 수 없는 것도 개발비로 인정하지 않기 때문에, 위의 세 가지 조건이 충족되는 것만을 개발비라는 자산으로 인정하며, 그렇지 못한 것은 모두 비용으로 처리합니다.

이 비용에는 연구비와 경상개발비가 있습니다. 이들은 신제품이나 신기술의 연구 또는 개발활동과 관련해 비경상적으로 발생한 비용으로서 미래의 경제적 효익을 기대할 수 있는 것은 개발비로 분류되어 무형자산으로 처리되고 경상적으로 발생하는 개발비, 즉 기존에 개발된 내용을 추가로 수정한다거나 성능을 개선한다거나 하는 등의 작업을 통해 계속 개발되고 있는 금액은 경상개발비로 처리됩니다. 그리고 일상적으로 연구소를 보유하고 있는 회사에서 특정한 연구결과가 나오지 않더라도 지속적으로 연구는 계속되는데, 이러한 경우의 비용은 연구비라고 합니다. 이 둘 모두는 미래의 경제적 효익이 불확실하거나 소멸될 것들로 비용으로 처리하도록 하고 있습니다.

예제 8-3   연구개발비

중앙기업은 국내에서 반도체부품을 생산하는 기업입니다. 당해 연도 초에 초전도체부품 Z를 개발하기 위한 특별개발활동으로 20,000,000원을 지출하였습니다. 초전도체부품 Z는 중앙기업에 경제적 효익을 줄 것으로 기대됩니다. 이 지출에는 과거연도와 거의 비슷한 수준인 5,000,000원의 연구개발 부서의 경상적인 임차료 및 소모품 구입 대금이 포함되어 있습니다. 위 거래를 자산과 비용으로 구분하여 보고하시오.

▌풀이

20,000,000원의 지출 중 15,000,000원이 개발비(무형자산)로 분류되며, 나머지 5,000,000원은 경상개발비(당기비용)로 보고됩니다.

 회계사례   **연구개발 투자했다고 다 성공하나?**

기업은 끊임없이 성장하기 위해 노력해야 합니다. 그리고 성장을 지속하기 위한 노력 중의 하나가 바로 연구개발투자입니다. 연구개발비에도 그 성격상 두 가지가 있는데, 하나는 기업활동의 일부로서 매년 반복적으로 발생되는 경상적인 개발비이고, 또 하나는 일시적으로 발생되는 비경상적인 연구개발비가 그것입니다. 그렇다면 연구개발을 위해 투입된 개발비용은 어떻게 처리하는 것이 합리적일까요?

개발의 결과가 성공하여 장래에 회사가 수익을 얻을 것이 확실시된다면 이른바 자산성이 인정될 수 있겠지만 그렇지 못하다면 이는 이미 소멸된 매몰원가에 지나지 않을 것입니다. 그러므로 비경상적으로 발생된 개발비 중 장래의 효익을 기대할 수 있는 것은 무형자산(개발비)으로 기록하되, 경상적인 개발비와 연구비 지출은 모두 당기의 비용으로 처리하도록 규정하고 있습니다. 이 경우 무형자산으로 기록된 개발비는 회사가 기간을 임으로 정하여 그 기간 이내에 상각하도록 함으로써 개발의 성과인 수익에 비례하여 각 연도마다 비용으로 배분시켜야 합니다.

 생각해 보기

다음의 무형자산에 대하여 법률에서 정하는 권리기간을 조사하시오.

(1) 산업재산권(특허권, 실용신안권, 디자인권, 상표권)

(2) 저작권

(3) 프랜차이즈

얼마나 팔아야 이익이 남을까?

본 교재의 제2부에서는 기업의 투자활동에 대해 알아보았습니다. 이렇게 기업이 투자활동을 수행하는 이유는 이익을 창출하기 위해서입니다. 그런데 경영자가 이익창출과 관련하여 던지는 가장 기본적인 질문은 '손실을 보지 않으려면 최소한 몇 개의 제품을 판매해야 하는가?'입니다. 기업이 제품을 생산하여 판매함으로써 이익은 보지 못하더라도 최소한 손실은 면해야만 당장 폐업은 막을 수가 있습니다. 여기서 기업이 손실을 보지 않는 지점을 손익분기점이라고 하고, 손익분기점에서의 생산량 또는 판매량을 구하면 경영자는 결국 어느 정도 팔아야 손해를 보지 않는지에 대한 해답을 얻게 되는 것입니다. 이에 대해서 본 별첨에서 살펴보도록 하겠습니다.

기업이 제품에 대한 적정 가격을 설정하여 판매하기 시작하면, 판매량이 증가함에 따라 비례하여 총수익도 증가하게 됩니다. 대부분의 경우 제품 단위당 가격이 존재하고 제품판매량이 늘어나면 총수익도 증가하게 됩니다. 이를 수식으로 정의하면 다음과 같습니다.

총수익 = 단위당 판매가격×판매량 ·· ①

위 식을 보면, 총수익은 판매량에 완전하게 비례하는 형태임을 알 수 있습니다. 물론, 어떤 기업이 묶음단위로 판매하여 묶음단위로 판매대금을 받는다고 한다면, 위와 같은 완전한 일차식의 형태가 될 수는 없습니다. 그러나 통상 기업이 최종소비자에게 판매하는 형태는 판매량에 따라 판매대금을 받게 되므로 위 식과 같은 형태가 일반적입니다. 이를 그래프로 보면 〈도표 8-5〉와 같습니다.

도표 8-5 판매량에 따른 총수익의 변동

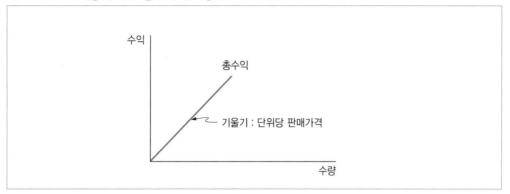

이번에는 총원가의 측면을 보기로 하겠습니다. 아래의 식은 총원가를 보여줍니다.

총원가 = 총변동비＋총고정비
　　　 = 단위당 변동비×판매량＋총고정비 ·· ②

원가는 생산량(또는 판매량)이 늘어나면서 비례하여 늘어나는 변동비가 있고, 생산량(또는 판매량)과는 상관없이 일정하게 발생하는 고정비가 있으며, 경우에 따라서는 복합적인 행태로 나타나고 있음을 살펴보았습니다. 여기서는 원가를 변동비와 고정비의 두 가지 형태로 분류하여 논의를 단순화하기로 하겠습니다. 식 ②의 경우 총원가는 총변동원가와 총고정원가로 구분할 수 있습니다. 총변동원가는 제품의 수량이 늘어날 때 비례하여 늘어나

도표 8-6 판매량에 따른 총원가의 변동

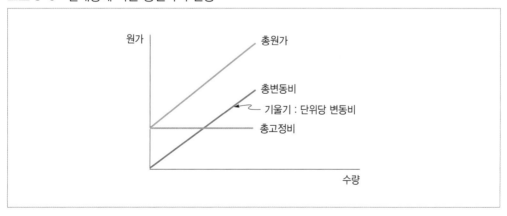

므로 단위당 변동비에 제품수량을 곱하여 산정하고, 총고정비는 제품수량과 무관하므로 총금액을 그대로 표기합니다. 이를 그래프로 보면, 앞의 〈도표 8-6〉과 같습니다.

여기서 총이익은 총수익에서 총원가를 빼면 구할 수 있습니다. 따라서 위 식 ①에서 식 ②를 차감하면 바로 총이익이 됩니다. 총이익을 산정하는 과정을 보면 식 ③과 같습니다.

총이익＝총수익−총원가
    ＝총수익−총변동비−총고정비
    ＝(단위당 판매가격×판매량)−(단위당 변동비×판매량)−총고정비
    ＝(단위당 판매가격−단위당 변동비)×판매량−총고정비 ················· ③

식 ③에서 총이익은 총수익에서 총원가를 차감하여 산정되는데, 〈도표 8-7〉을 통해 총이익 부분을 확인해 보겠습니다.

도표 8-7 판매량에 따른 총이익의 변화

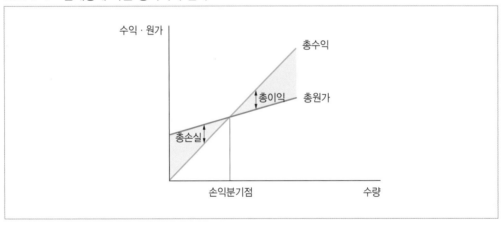

이제는 손익분기점에서의 판매량을 살펴보기로 하겠습니다. 손익분기점은 손실도 이익도 나지 않는 시점을 의미하는데, 바로 총이익이 0인 시점입니다. 그렇다면, 손익분기점에서의 생산량은 바로 식 ③에서 총이익을 0으로 놓을 때 판매량을 의미하게 됩니다. 이를 위해 식 ③을 정리하면 식 ④와 같습니다.

손익분기점 판매량＝총고정비÷(단위당 판매가격－단위당 변동비) ················· ④

＝총고정비÷단위당 공헌이익 ······································· ⑤

위의 식 ④에서 단위당 판매가격에서 단위당 변동비를 차감한 것을 단위당 공헌이익이라 정의하면 식 ⑤와 같습니다. 결국 손익분기점 판매량은 총고정비를 단위당 공헌이익으로 나눈 값이 된다는 것을 식 ⑤를 통해 알 수 있습니다. 또한, 식 ④와 식 ⑤는 기업이 손실을 보지 않기 위해서 어느 정도의 제품을 팔아야 하는지를 말해 줍니다.

그런데 산식 자체도 중요하지만, 더 중요한 것은 산식을 적용하기에 앞서 경영자는 반드시 원가의 행태를 변동비와 고정비로 구분하기 위한 노력을 선행해야 한다는 것입니다. 이렇게 정확하게 원가의 행태를 구분해야지만, 손익분기점 판매량을 추정하는 것이 의미가 있습니다. 다시 말해, 의사결정의 시점은 정확한 원가계산과 더불어 원가행태의 구분에 있음을 상기해야 합니다.

위 설명에서 손익분기점 판매량은 총고정비를 단위당 공헌이익으로 나눈 개념이라는 사실도 알 수 있었습니다. 그렇다면, 손익분기점 판매량이 총고정비를 단위당 공헌이익으로 나누어 구할 수 있다는 것은 과연 어떠한 뜻이 함축되어 있는 것일까요? 앞서 식 ⑤는 어느 정도의 수량까지 팔아야(손익분기점 판매량) 1단위당 추가적인 이익(단위당 공헌이익)이 총고정비를 충당할 수 있는지를 보여줍니다. 즉, 기업은 1단위라도 더 팔아서 추가적인 이익을 내서 총고정비를 충당하기 위해 노력을 하는 것이고, 정확히 총고정원가를 충당하는 시점에서의 판매량이 손익분기점 판매량입니다.

공헌이익과 손익분기점 판매량

(주)곰돌이는 인형을 만드는 회사입니다. 아래의 자료를 이용하여 다음의 질문에 답하시오.

매 출 액	1,000,000원
단위당 판매가격	1,000원
단 위 당 변 동 비	500원
총고정제조간접비	200,000원
총 고 정 판 매 비	100,000원

물음

1. 단위당 공헌이익은 얼마입니까?

2. 손익분기점 판매량은 몇 개입니까?

풀이

1. 단위당 공헌이익＝단위당 판매가격－단위당 변동비이므로, 500원입니다.

2. 손익분기점 판매량＝총고정비÷단위당 공헌이익이므로, 300,000원÷500원＝600개입니다. 따라서 ㈜곰돌이는 600개 이상의 인형을 팔아야지만 본전을 하게 됩니다.

기업의 재무활동

제 3 부의 학습목표는 기업의 재무활동이 재무상태표의 부채와 자본에 어떻게
반영되는지를 이해함에 있습니다.

이러한 학습목표를 달성하기 위해 제9장과 제10장에서 다음에 대해 학습하겠
습니다.

제9장에서는 기업의 자금조달 방법과 자기자본에 의한 자금조달을 알아보겠습
니다.
제10장에서는 부채에 의한 자금조달의 유형에 대해 알아보겠습니다.

제 9 장

내 지갑에서 나온 자금, 자본

제 9 장의 학습목표는 기업의 자금조달 방법과 자기자본에 의한 자금조
   달을 이해함에 있습니다.

이러한 학습목표를 달성하기 위해 다음의 내용을 학습하겠습니다.

첫째, 기업의 자금조달 방법에 대해 알아보겠습니다.
둘째, 주식발행에 의한 자금조달에 대해 알아보겠습니다.
셋째, 유보이익에 의한 자금조달 및 이익잉여금은 왜 변동되는가를 알
   아보겠습니다.

기업은 어떤 방법으로 자금을 조달할까?

　기업은 필요한 자금을 어떻게 조달할까요? 기업이 필요한 자금을 조달하는 방법에는 부채에 의하여 조달하는 방법과 자기자본에 의하여 조달하는 방법이 있습니다. 부채로 자금을 조달하는 방법에는 차입금으로 조달하는 방법과 사채발행에 의하여 조달하는 방법이 있습니다. 자기자본으로 자금을 조달하는 방법에는 주식발행으로 조달하는 방법과 유보이익으로 조달하는 방법이 있습니다. 이렇게 기업이 자금을 조달하는 활동을 재무활동이라고 합니다.

　기업을 운영하기 위해서는 인적자원과 물적자원을 필요로 합니다. 인적자원이란 CEO, 기술자, 사무직원 등 기업에 고용된 사람을 말합니다. 물적자원이란 원자재, 기계, 설비, 건물, 토지 등을 말합니다. 기업은 CEO나 기술자 등의 인적자원을 고용하고, 기계나 공장건물 등과 같은 물적자원을 구입하기 위해서는 막대한 돈이 들어갑니다. 기업이 필요한 자금을 조달하기 위해서 기업의 소유주가 자신의 돈을 투자하거나 다른 사람들에게 빌리기도 합니다. 기업의 소유주가 기업에 투자하는 돈을 자기자본(또는 자본)이라 하고, 기업이 남에게 빌려오는 돈을 타인자본(또는 부채)이라고 합니다.

도표 9-1　기업의 자금조달 방법과 재무제표 표시

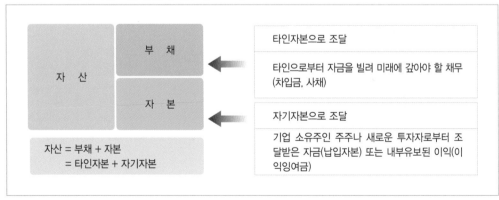

금융상식 　간접금융과 직접금융

　　회사가 자금을 조달하는 방법은 은행 등의 금융기관을 이용하는지 여부에 따라 직접금융과 간접
금융으로도 구분할 수 있습니다. 간접금융에 의한 자금조달은 회사가 은행 등의 금융기관으로부터
자금을 차입하는 방법을 말합니다. 간접금융은 은행 등의 금융기관이 예금이나 적금 등을 통하여 개
인으로부터 자금을 조달받아, 이를 회사에게 대출함으로써 이루어집니다. 즉, 간접금융은 자금수요
자인 회사가 자금중개기관인 은행 등의 금융기관으로부터 자금을 차입하여 필요한 자금을 조달하는
방법입니다. 반면에, 직접금융에 의한 자금조달은 회사가 금융기관의 중개 과정을 거치지 않고, 자본
시장에서 주식이나 채권을 발행하여 자금공급자인 일반대중으로부터 자금을 직접 조달하는 방법입
니다.

[기업의 자금조달 방법 : 직접금융과 간접금융]

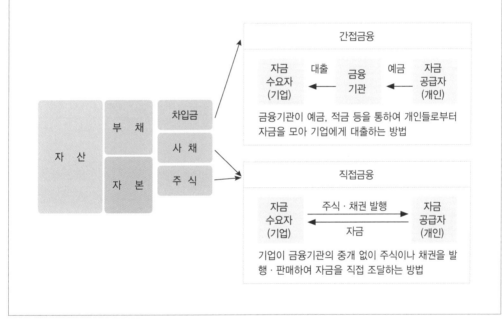

　　구체적으로, 타인자본으로 자금을 조달하는 방법은 은행 등에서 자금을 빌리거나, 채권
을 발행하는 방법이 있습니다. 은행에서 빌리는 자금은 재무상태표의 부채 중 차입금으로
표시되고, 자금을 조달하기 위해 발행하는 채권은 재무상태표의 부채 중 사채로 표시합니
다. 이렇게 타인자본으로 조달한 자금은 기업의 부채가 되어 일정 기간이 지난 후 상환해야
하고, 상환하기 이전까지는 빌리는 대가로 이자를 지급해야 합니다.

한편, 자기자본으로 자금을 조달하는 방법은 주식을 발행하거나 이익을 통해 이루어집니다. 기업은 주식을 발행하여 투자자(주주)들로부터 자금을 조달할 수 있는데, 투자자들이 구매한 주식의 대가로 기업에 납입하는 자금은 재무상태표에 납입자본으로 표시됩니다. 이렇게 자기자본으로 자금을 조달하는 경우에는 부채와 달리 상환해야 하는 의무가 없으며, 이자도 지급하지 않습니다. 그러나 이익 중 일부를 주주에게 투자의 대가로 배당을 지급합니다.

그런데 기업들은 모든 이익을 배당으로 지급하지 않고 기업을 운영하기 위해 사용하는데, 이를 내부유보라고 합니다. 이렇게 내부에 유보된 이익은 재무상태표에 이익잉여금으로 표시됩니다.

다음은 ㈜두산의 재무상태표 중 일부분입니다. ㈜두산이 과거 2017년부터 2019년까지 어떻게 자금을 조달하였는지 알아봅시다.

도표 9-2

재무상태표

㈜두산 (단위 : 억원)

구 분	2019년 12월 31일	2018년 12월 31일	2017년 12월 31일
자산	47,524	47,342	39,500
부채	26,077	24,287	17,503
차입금	9,627	6,007	3,797
사 채	4,569	7,469	5,737
자본	21,447	23,055	21,998
납 입 자 본	9,209	8,690	8,151
이익잉여금	21,692	16,430	17,318

앞에서 이미 설명한 것처럼 기업이 자금을 조달하는 방법에는 타인자본으로 조달하는 방법과 자기자본으로 조달하는 방법이 있습니다. ㈜두산의 경우 타인자본인 차입금과 사채로부터 조달한 자금은 2017년 말 9,534억원, 2018년 말 1조 3,476억원, 그리고 2019년 말 1조 4,196억원입니다. 반면에, ㈜두산이 자기자본인 납입자본과 이익잉여금으로부터

조달한 자금은 2017년 말 2조 5,468억원, 2018년 말 2조 5,121억원, 그리고 2019년 말 3조 901억원입니다. 이는 ㈜두산이 타인자본보다 자기자본으로 조달한 자금이 2017년 말 2.7배, 2018년 말 1.9배, 그리고 2019년 말에는 2.2배나 많음을 나타냅니다. 따라서 ㈜두산은 타인자본보다 자기자본으로부터 훨씬 더 많은 자금을 조달하고 있음을 알 수 있습니다.

한편, ㈜두산은 타인자본 중에서도 은행 등 금융기관을 통해 간접적으로 조달한 차입금의 규모를 2017년 말 3,797억원에서 2018년 말 6,007억원으로 늘렸다가 2019년 말 9,627억원으로 늘리고 있습니다. 또한 ㈜두산이 자본시장에서 직접 자금을 조달하는 사채 규모는 2017년 말 5,737억원에서 2018년 말 7,469억원, 2019년 말에는 4,569억원으로 감소하고 있습니다. 금융기관을 통해 간접적으로 자금을 조달하는 것(차입금 차입)은 증가하지만, 기업이 자신의 신용에 기초하여 자본시장에서 개인 투자자들로부터 직접 자금을 조달하는 방법(사채 발행)은 감소하고 있다는 것을 알 수 있습니다.

사업을 시작하기 위해 주식을 발행하다

1. 우리나라에는 왜 주식회사가 많을까?

오늘날 가장 많이 이용되고 있는 회사의 형태는 주식회사입니다. 산업혁명 이후 생산 및 분배활동의 규모가 확대됨에 따라 회사 규모도 확대되었으며, 거대한 자본이 필요하게 되었습니다. 주식회사는 주식발행을 통해 자금을 조달하기 때문에 대규모 자본조달에 가장 적합한 회사입니다. 또한 주식회사는 다음에서 보는 바와 같이 여러 가지 장점이 있기 때문에 오늘날 우리나라에서 가장 선호되는 회사의 형태입니다. 참고로, 현재 우리나라의 회사 중 95%가 주식회사입니다.

주식회사의 특징은 다음과 같습니다.

첫째, 주식회사는 대규모 자본조달이 용이합니다. 개인회사는 사장이 모든 자본을 조달하여야 하지만, 주식회사는 주식이라는 증권을 발행하여 증권시장에서 일반인들에게 판매하여 자금을 조달하기 때문에 소액자본을 모아 거액의 산업자본을 만드는 데 유리합니다. 또한 주식투자자들은 증권시장에서 자기의 여유자금 범위 내에서 언제든지 자유롭게 주식을 사고팔 수 있고, 자기가 투자한 돈의 범위 내에서 책임을 지기 때문에 다른 형태의 회사에 투자하는 것보다 주식회사에 투자하는 것이 유리합니다. 더욱이 주식회사는 보통주, 우선주, 전환사채, 신주인수권부사채 등 다양한 증권을 발행하여 판매함으로써 투자자의 다양한 욕구를 충족할 수 있기 때문에 일반대중으로부터 거액의 자본을 조달하는 데에 용이합니다.

둘째, 주식회사는 소유와 경영의 분리로 인하여 능력이 있는 전문경영자에게 회사의 경영을 맡길 수 있기 때문에 경영의 효율성이 매우 높습니다. 개인회사는 회사의 소유자가 자본을 투자하고 경영도 전담하여야 하기 때문에 효율적 경영에 한계가 있을 수 있습니다.

그런데 주식회사에서는 주주가 자본을 투자하여 회사를 설립한 후, 능력 있는 전문경영자에게 회사의 경영을 맡김으로써 회사를 보다 효율적으로 경영해 나아갈 수 있습니다.

셋째, 주식회사는 회사의 자본유지가 용이합니다. 주식회사는 주주의 유한책임으로 인하여 이익처분을 주주의 마음대로 할 수 없고 법의 규정에 따라 주주총회의 의결이 있어야 이익 분배를 할 수 있기 때문에 자본유지가 용이하다는 특징이 있습니다.

2. 주식회사의 자본은 어떻게 표시되는가?

자본은 기업이 가지고 있는 자산에서 부채를 차감한 부분으로서 순자산을 의미합니다. 이것을 소유주지분 또는 주주지분이라고도 합니다. 자본에 대한 회계처리는 회사의 형태에 따라 다르지만 우리나라에서는 주식회사가 95% 이상을 차지하기 때문에 주식회사를 중심으로 설명하고자 합니다. 주식회사의 자본은 기본적으로 자본금, 자본잉여금, 이익잉여금으로 구분됩니다. 여기에서 자본금과 자본잉여금을 합한 금액을 납입자본이라고 합니다.

도표 9-3 자본의 구성

자본금은 회사가 이미 발행한 주식의 액면가액을 합산한 금액으로서 법정자본금이라고도 합니다. 자본잉여금은 주주가 납입한 금액 중에서 자본금을 초과하는 금액을 말하며, 이익잉여금은 기업이 영업활동을 통해 벌어들인 이익 중에서 배당금 등을 지급하고 난 후 회사 내에 유보된 이익을 말합니다.

국제회계기준에서는 자본금과 자본잉여금의 구분 없이 납입자본으로 표시할 수 있지만, 국내 기업들은 통상 자본의 구성요소별로 자본금, 자본잉여금, 이익잉여금을 구분하여 공시하고 있습니다. 그리고 회사가 우선주를 발행하는 경우에는 자본금을 보통주자본금, 우선주자본금으로 구분하여 주식의 종류별로 공시하고 있습니다.

3. 보통주를 발행할까, 우선주를 발행할까?

주식회사는 다수의 출자자인 주주들로부터 자금을 조달하여 설립된 회사입니다. 따라서 주식회사는 기업의 자금을 주식발행을 통하여 조달하게 됩니다. 즉, 주식회사는 회사에 대한 법률상의 지위(주주권)를 나타내는 주식이라는 증권을 발행하여 투자자들로부터 자금을 조달합니다.

주식회사가 주식을 발행할 때 주식 1주의 금액(액면가액)은 100원 이상 균일하여야 합니다. 회사가 주식발행을 통해 주주로부터 자금을 조달할 때, 조달하여야 할 금액을 100원 이상의 단위로 분할하여 발행주식 수를 구합니다. 회사는 발행주식 수만큼 주식을 발행하여 증권시장에서 투자자에게 판매하여 자금을 조달하게 되는데, 이를 주식발행에 의한 자금조달이라고 합니다. 예를 들어, ㈜선녀가 총 5억원의 자본을 1주당 5,000원으로 액면발행할 경우, 발행주식 수는 100,000주가 됩니다. 발행주식 수 100,000주는 조달하여야 할 자본 5억원을 주당액면가액 5,000원으로 나누어 계산합니다.

빅히트 10월 상장, 방탄소년단 멤버 보유주식 가치는?

빅히트엔터테인먼트(의장 방시혁)가 오는 10월 코스피 상장을 목표로 IPO 여정을 본격화한 가운데 방탄소년단 멤버들의 보유주식과 그 가치에 대한 관심이 모이고 있다.

빅히트가 지난 2일 유가증권시장 상장을 위해 제출한 증권신고서에 따르면 최대 주주 방시혁 의장은 1,237만 7,377주를 보유하고 있으며, 공모 후 36.7%의 지분율을 갖게 된다. RM(김남준), 진(김석진), 슈가(민윤기), 제이홉(정호석), 지민(박지민), 뷔(김태형), 정국(전정국) 등 방탄소년단 7명의 멤버들은 총 47만 8,695주를 보유, 1.41%의 지분율을 보유하게 된다.

방탄소년단 멤버들은 지난 8월 초 방시혁 의장으로부터 해당 주식을 7명이 균등하게 증여받은 것으로 알려졌다. 멤버 1인당 6만 8,385주를 보유하게 되는 것.

빅히트는 2일 제출한 증권신고서에서 희망공모가를 10만 5,000원~13만 5,000원으로 적시했다. 공모가가 10만 5,000원일 경우 멤버 1인당 71억 8,000여 만원, 13만 5,000원일 경우 92억 3,000여 만원의 주식 가치를 지니게 된다.

빅히트는 상장 첫날 공모가의 2배 가격으로 시초가가 형성되고, 상한가(30%)까지 기록하는 이른바 '따상'까지 점쳐지고 있어, 방탄소년단 멤버 1인의 보유 주식 가치는 상장 첫날에만 170억원 이상이 되게 된다.

(스타뉴스 기사 편집)

주식회사는 여러 종류의 주식을 발행할 수 있습니다. 주식은 우선적인 권리가 부여되어 있는지 여부에 따라, 보통주와 우선주로 분류됩니다.

보통주는 여러 종류의 주식을 발행할 경우 분류상 기준이 되는 주식으로서 우선적인 권리가 부여되어 있지 않은 주식을 말합니다. 보통주 주주의 권리는 주주총회에서 의결권 행사를 통해 경영에 참가할 수 있고(의결권 또는 경영참가권), 회사의 이익을 보유주식 수에 비례하여 배당금을 받을 수 있는 권리가 있으며(배당권), 회사를 청산할 때 회사의 부채를 전부 갚은 후에 남은 재산을 보유주식 수에 비례하여 분배받을 수 있는 권한(잔여재산분배청구권) 등이 있습니다.

반면에, 우선주는 의결권을 주지 않는 대신 보통주에 비하여 약정된 특정의 권리를 부여한 주식입니다. 통상적으로 우선주는 이익배당 등에서 우선적인 권리가 부여됩니다. 따라서 기업은 경영상황에 적합한 주식 종류를 발행할 수 있습니다.

회계상식 | **우선주도 종류가 있다**

우선주는 특정된 권리의 부여 방식 등에 따라 참가적 우선주, 누적적 우선주, 전환우선주, 상환우선주 등으로 분류될 수 있습니다.

참가적 우선주는 우선주 배당률을 지급받은 후 보통주에 지급되는 배당률이 우선주 배당률을 초과하는 경우 그 초과분에 대해 추가적으로 참가해 배당을 받을 수 있는 권리가 부여된 주식을 말합니다. 반면에, 초과분에 대해 추가적으로 참가해 배당을 받을 수 있는 권리가 부여되지 않은 주식을 비참가적 우선주라고 합니다.

누적적 우선주는 전기에 회사에 결손 등이 발생하여 우선주에 대해 배당금을 지급하지 못하거나 우선주 배당률만큼 배당금을 지급하지 못한 경우, 그 부족배당금(일명 연체배당금이라 합니다)을 추후에 소급하여 배당받을 수 있는 권리가 부여된 우선주입니다. 연체배당금을 소급해서 배당받을 수 없는 우선주는 비누적적 우선주라고 합니다.

전환우선주는 사전에 약정된 일정한 조건이 충족되면 우선주 보유자의 청구에 의해 보통주로 전환할 수 있는 권리가 부여된 우선주를 말합니다. 전환우선주는 우선주 배당금을 받다가 보통주로 전환하는 것이 유리한 경우에는 보통주로 전환할 수 있는 권리를 갖기 때문에 투자자들이 선호하게 됩니다.

상환우선주는 미래 일정한 조건이 충족되는 경우 발행회사가 우선주를 상환할 수 있는 권리가 있거나 우선주 소유자가 발행회사에 상환을 청구할 수 있는 권리가 있는 우선주를 말합니다. 상환우선주는 회사가 우선주를 발행하여 비교적 용이하게 자금을 조달할 수 있고, 이후에 자금의 여유가 생기면 상환우선주를 상환하여 배당압력을 줄이고 자금을 효율적으로 사용할 수 있기 때문에 발행합니다.

4. 주식도 싸게 팔 수 있다

주식회사는 회사를 설립할 때나 회사를 설립한 후 추가로 자금이 필요하게 될 때 주식을 발행하여 증권시장에서 판매함으로써 자금을 조달하게 됩니다. 이때 주식을 주주에게 발행해 주고 실제로 받는 금액을 발행가액이라고 합니다. 주식발행의 유형은 발행가액과 액면가액의 차이에 따라 액면발행, 할증발행, 할인발행 등으로 구분됩니다.

액면발행은 주식의 발행가액과 액면가액이 동일한 경우의 주식발행입니다. 이때 액면가액 (=발행가액)은 자본금으로 기록됩니다. 예를 들어, 액면가액이 5,000원인 주식을 5,000원에 판매하였을 때 발행회사는 자본금으로 5,000원을 기록하게 됩니다.

도표 9-4 주식의 발행 : 액면발행, 할증발행, 할인발행(액면가액 5,000원인 보통주 1주를 발행한 경우)

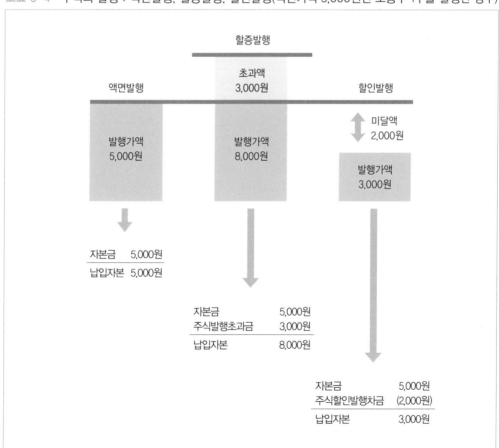

할증발행은 주식의 발행가액이 액면가액보다 큰 경우의 주식발행입니다. 예를 들어, 액면가액 5,000원인 주식을 8,000원에 판매하였을 때, 액면가액에 해당하는 금액 5,000원은 자본금으로 기록하고, 액면가액을 초과하는 금액 3,000원은 주식발행초과금(자본잉여금)으로 기록합니다.

할인발행은 발행가액이 액면가액보다 작은 경우의 주식발행입니다. 예를 들어, 액면가액 5,000원인 주식을 3,000원에 판매하였을 때, 액면가액에 해당하는 금액 5,000원은 자본금으로 기록하고, 액면가액에 미달되는 금액 2,000원은 주식할인발행차금으로 기록하게 됩니다.

제3절 이익잉여금은 왜 변동되는가?

앞에서도 설명하였듯이 기업이 자기자본으로 자금을 조달하는 방법들에는 주식을 발행하거나 주주들에게 배당으로 지급한 후 기업 내부에 유보된 이익으로 자금을 조달하는 방법이 있습니다. 기업들이 영업활동을 통해 발생한 이익 모두를 주주에게 배당으로 지급하지 않는 이유는 기업의 미래운영을 위한 자금조달을 위해 기업 내부에 이익을 유보하고자 하기 때문입니다. 이렇게 기업 내부에 유보된 이익을 유보이익이라고 하며, 재무상태표에는 이익잉여금으로 표시됩니다.

이익잉여금은 왜 변동될까요? 회사가 영업활동을 통해 벌어들인 수익이 지출된 비용을 초과하는 경우에는 당기순이익이 발생하게 됩니다. 반대로 회사가 영업활동을 통해 벌어들인 수익이 지출된 비용보다 적은 경우에는 당기순손실이 발생하게 됩니다. 따라서 당기순이익이 발생하게 되면 이익잉여금이 증가하게 되고, 당기순손실이 발생하게 되면 이익잉여금이 감소하게 됩니다. 또한, 이익잉여금은 배당금을 지급하거나 적립금을 적립하는 데 사용됩니다. 따라서 배당금을 지급할 때는 이익잉여금이 감소하게 됩니다.

도표 9-5 이익잉여금의 변동

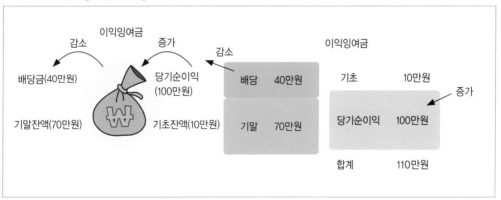

〈도표 9-5〉와 같이, 예를 들어 이익잉여금 기초잔액이 10만원일 때 회사가 영업활동을 통해 100만원의 당기순이익을 벌어들였다면 처분할 수 있는 이익잉여금은 110만원이 됩니다. 110만원 중에서 주주에게 배당금 40만원을 주면 기말에 남아 있는 이익잉여금 잔액은 70만원이 됩니다.

예제 9-1   차기이월이익잉여금 계산

다음은 (주)나눔의 이익잉여금에 대한 자료입니다. 주어진 자료를 이용하여 차기이월이익잉여금을 계산하면 얼마나 될까요?

| 전기이월이익잉여금 | 100,000 | 당기순이익 | 400,000 |
| 현금배당액 | 150,000 | 이익준비금적립액 | 15,000 |

▎풀이

차기이월이익잉여금은 다음과 같이 전기이월이익잉여금 100,000원에 당기순이익 400,000원을 가산한 금액 500,000원에서 현금배당액 150,000원과 이익준비금적립액 15,000원을 차감하면 335,000원이 됩니다.

회계사례   61개 상장제약사 합산 8조 5,502억 ⋯ 연말 대비 1,070억 증가

2020년 1분기 코로나19로 인한 영업활동 위축에도 비교적 무난한 성적표를 남겼던 상장제약사들이 성장세를 앞세워 이익잉여금 규모도 확대했다. 11, 12월 결산 상장제약사들의 이익잉여금을 집계한 결과, 합산 잉여금 규모가 8조 5,502억원으로 지난 연말보다 1,070억원이 늘어난 것으로 집계됐다.

특히 61개 상장제약사 중 홀로 1조 이상의 이익잉여금을 보유하고 있는 유한양행은 지난 1분기에만 1,009억원이 더 늘었다.

업체수로는 유한양행을 포함해 29개사의 이익잉여금이 늘어난 반면, 이보다 많은 32개사는 줄어들어 오히려 이익잉여금 규모가 줄어든 업체들이 더 많았다. 상장제약사들의 합산 이익잉여금 증가분 가운데 유한양행의 지분이 대부분을 차지했던 셈이다.

(의약뉴스 기사 편집)

다음은 삼성전자가 발표한 향후 투자계획에 대한 신문기사 내용입니다.

삼성전자가 글로벌 IT시장 주도권과 성장 동력 확보를 위해 26조원 규모로 사상 최대 수준의 연간 투자계획을 발표했다. 삼성전자는 경기도 화성 반도체 사업장에서 '화성사업장 메모리 16라인 기공식'을 갖고 올해 안에 반도체 11조원, LCD 5조원 등 시설투자와 R&D 투자 8조원을 포함해 총 26조원을 투자하겠다고 17일 밝혔다. 이는 삼성전자의 연간 투자규모로는 사상 최대 수준이다.

이날 기공식에 참석한 이건희 회장은 "세계경제가 불확실하고 경영여건의 변화도 심할 것으로 예상된다"며 "이러한 시기에 투자를 더 늘리고 인력도 더 많이 뽑아서 글로벌 사업기회를 선점해야 그룹에도 성장의 기회가 오고 우리 경제가 성장하는 데도 도움이 될 것이다"라며 과감한 투자확대를 강조했다고 삼성 측은 전했다.

(S일보 기사 편집)

삼성전자는 투자액 26조원 중에서 16조원은 시설투자에, 8조원은 R&D 투자에 사용하게 되는데, 그렇게 하기 위해서는 26조원의 자금을 조달해야 한다. 자금조달은 크게 사채를 발행해서 조달하는 방법과 주식발행이나 회사의 이익으로 조달하는 방법, 차입금에 의해 조달하는 방법이 있다. 각각의 자금조달 방법에 대한 장·단점을 논의해 보시오.

제 10 장

남한테 빌린 자금, 부채

제 10 장의 학습목표는 부채에 의한 자금조달의 유형을 이해함에 있습니다.

이러한 학습목표를 달성하기 위해 다음의 내용을 학습하겠습니다.

첫째, 차입금에 의한 자금조달에 대해 알아보겠습니다.
둘째, 사채발행에 의한 자금조달에 대해 알아보겠습니다.
셋째, 사채와 주식발행의 차이점에 대해 알아보겠습니다.

제1절 | 차입금에 의한 자금조달

기업은 주식을 발행하거나 내부에 유보된 이익을 통하여 사업에 필요한 자금을 조달받을 수 있습니다. 이렇게 조달된 자금은 재무상태표의 자본에 해당합니다. 한편, 기업은 차입금과 사채와 같은 부채를 통하여 타인으로부터 필요한 자금을 조달받을 수도 있습니다. 본 장에서는 차입금에 의한 자금조달과 사채발행에 의한 자금조달을 공부하게 됩니다. 또한, 기업이 부채를 통해 자금을 조달할 때의 장점과 단점을 주식발행 등과 비교하여 알아보겠습니다.

차입금은 기업이 다른 사람 또는 금융기관으로부터 현금을 빌리는 것을 말합니다. 이때 돈을 빌린 사람을 채무자라 하고, 돈을 빌려 준 사람을 채권자라 합니다. 채무자는 약정에 따라 정기적으로 이자를 지급하고 만기에 차입금을 상환하게 됩니다.

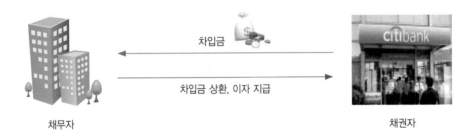

이러한 차입금을 재무상태표에서는 1년 이내에 상환하여야 하는 차입금은 유동부채의 단기차입금으로, 1년 이후에 상환하여야 하는 차입금은 비유동부채의 장기차입금으로 표시합니다. 차입금에 의한 자금조달은 기업의 부채상환능력이나 장기적인 경영성과 등을 종합적으로 검토하여 결정해야 합니다. 불경기로 인하여 시장상황이 안 좋으면 경영성과가 악화되고 이자비용을 감당하기 어렵게 되며, 만기에 원금을 상환할 수 없게 되어 부도가 발생할 수 있기 때문입니다.

차입금에 의한 자금조달이 재무상태에 미치는 영향

20×1년 1월 2일 ㈜중앙은 우리은행으로부터 연이자율 6%로 현금 1,000,000원을 차입한 후 20×1년 12월 31일에 상환하기로 하였습니다. 이자는 만기에 원금과 함께 지급하기로 하였습니다.

차입일과 상환일에 기업의 재무상태에 미치는 영향에 대해 설명하시오.

▌풀이

㈜중앙이 20×1년 1월 2일 우리은행으로부터 현금 1,000,000원을 차입하였을 때, 현금 1,000,000원이 증가하고, 부채인 단기차입금 1,000,000원이 증가합니다. 그러므로 차입일에는 자산과 부채가 각각 1,000,000원씩 증가합니다.

그리고 상환일인 12월 31일에는 원금 1,000,000원과 이자 60,000원(1,000,000원×6%)을 지급하기 때문에, 현금 1,060,000원이 감소하게 됩니다. 또한, 부채인 단기차입금 1,000,000원이 감소하고 이자비용이 60,000원 발생하게 됩니다.

제10장

금융사례　1분기 상장사 차입금, 20조 늘었다 – 코로나에 기업들 앞다퉈 빚 늘려

상장사들의 총차입금이 올 1분기에만 20조원 늘어난 것으로 나타났다. 항공, 조선 등 신종 코로나바이러스 감염증(코로나19)으로 기업들이 앞다퉈 빚을 늘린 결과다. 코로나19의 피해가 본격화한 2분기엔 재무구조가 더 악화할 것이란 관측이 나온다.

한국경제연구원은 유가증권시장 상장 623개사의 별도 재무제표를 분석한 결과 이들 회사의 총차입금이 올해 1분기 386조 7,000억원으로 작년 말에 비해 20조원가량 증가한 것으로 조사됐다고 22일 밝혔다. 지난해 분기당 차입금 증가액이 5조원 안팎이었던 것과 비교하면 큰 폭으로 늘었다. 같은 기간 차입금 의존도는 21.6%에서 22.5%로 올랐다.

자금 조달 방식도 금융회사를 통한 차입금 증가액이 14조 9,000억원으로 대부분을 차지했다. 회사채를 통한 자금 조달 증가액은 5조 3,000억원이었다. 한경연 관계자는 "회사채 시장이 냉각되면서 기업들이 은행 대출을 늘린 것"이라며 "기업의 자금사정이 그만큼 어렵다는 얘기"라고 설명했다.

지난 1분기에 빚이 가장 많이 늘어난 업종은 항공이었다. 지난해 말보다 차입금 의존도가 5.3%포인트 높아졌다. 조선(2.3%포인트), 관광레저(1.4%포인트), 대형유통(1.1%포인트), 섬유의복(0.8%포인트) 등의 업종도 상승 폭이 가팔랐다. 기업들이 영업현금흐름이 나빠지면서 차입금을 늘리고 자산을 매각하는 방법으로 현금을 확보해 위기를 견딘 것으로 보인다고 한경연은 분석했다.

영업현금흐름은 5개 업종이 모두 나빠졌다. 항공, 대형유통, 관광·레저, 조선업은 올해 1분기 영업현금흐름이 마이너스로 돌아섰다. 영업활동으로 번 현금보다 빠져나간 현금이 더 많았다는 의미다. 상장사 전체로 봐도 영업을 통한 현금 유입이 줄었다.

(한국경제 기사 편집)

사채발행에 의한 자금조달

사채는 회사가 일정 금액을 나타내는 증권을 발행한 후, 이를 증권시장에서 투자자들에게 판매하여 장기자금을 조달하는 것입니다. 사채는 아래의 그림에서 보는 것과 같이 발행일, 만기일, 액면가액, 액면이자율, 이자지급일 등이 기재되어 있습니다. 사채와 관련된 용어를 정리하면 다음과 같습니다.

(앞 면)

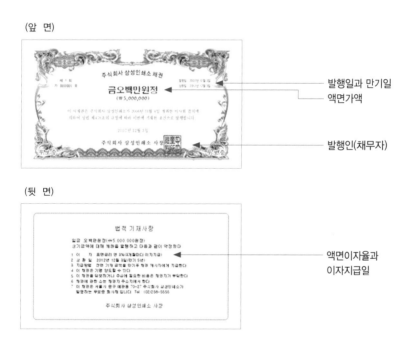

발행일과 만기일
액면가액

발행인(채무자)

(뒷 면)

액면이자율과
이자지급일

액면가액은 사채의 만기일에 사채발행회사가 지급해야 하는 금액입니다. 액면이자율은 표시이자율이라고도 하는데, 사채발행회사가 약정에 의하여 정기적으로 지급하게 될 이자율을 말합니다. 사채발행회사는 약정에 따라 정기적으로 액면가액에 액면이자율을 곱하여 계산한 액면이자를 현금으로 지급하게 됩니다. 이자지급일은 이자를 지급하기로 약정한 날로서 1년에 1회, 2회 또는 4회 등으로 구분하여 표시하는데, 주로 분기별로 지급합니다. 만기일은 사채의 원금을 지급하기로 약정한 날을 말합니다.

차입금과 사채의 이자 계산

(주)한국은 20×1년 12월 31일 현재 차입금 10,000,000원과 사채 2,000,000원을 보유하고 있습니다. 차입금은 작년에 차입한 장기차입금으로서 만기 3년, 연 이자율은 7%입니다. 사채는 20×1년 1월 2일에 액면발행한 것으로서 만기 3년, 액면이자율은 4.5%입니다. 다음 물음에 답하시오.

▌물음

1. ㈜한국의 20×1년도 이자비용은 얼마인가요?

2. 만약 ㈜한국이 차입금을 모두 사채로 전환한다면 이자비용은 1년에 얼마나 감소할까요?

▌풀이

1. ㈜한국의 20×1년도 이자비용 :

$$(10,000,000원 \times 7\%) + (2,000,000원 \times 4.5\%) = 790,000원$$

2. 현재 차입금의 이자율(7%)이 사채의 이자율 4.5%보다 높기 때문에 가능하면 차입금을 줄이고 사채발행을 늘리는 것이 회사의 자본비용을 감소시킬 수 있습니다. 따라서 ㈜한국이 차입금을 모두 사채로 전환한다면 현재의 이자율이 7%에서 4.5%로 감소하기 때문에 이자비용은 다음과 같이 250,000원이 감소합니다.

$$10,000,000원 \times (7\% - 4.5\%) = 250,000원$$

앞에서 설명한 것처럼, 사채발행회사는 자본시장에서 투자자에게 사채라는 증권을 발행하여 판매하고 자금을 조달하게 됩니다. 이때 사채발행회사가 사채의 발행대가로 받는 금액을 발행가액이라고 하며, 이 발행가액은 사채발행 당시의 시장이자율에 의하여 결정됩니다. 시장이자율이란 사채발행회사가 금융시장에서 필요한 자금을 빌릴 때 적용되는 이자율을 의미합니다.

자본시장에서 사채의 시장이자율은 사채발행회사의 신용등급에 따라 달라집니다. 원리금 지급능력이 큰 회사는 신용등급이 높으며, 신용등급이 높은 회사가 발행하는 사채의 시장이자율은 상대적으로 낮습니다. 반면에, 원리금 지급능력이 작은 회사는 신용등급이 낮고, 신용등급이 낮은 회사가 발행하는 사채의 시장이자율은 높게 됩니다. 이렇게 신용등급이 낮은 회사가 발행하는 사채의 시장이자율이 높은 이유는 투자자들이 위험이 높을수록 위험에 대한 보상으로 높은 이자를 요구하기 때문입니다.

우리나라에서 사용되고 있는 사채의 신용등급은 AAA부터 D까지 10개의 신용등급으로 분류합니다. 사채 중에서 최우량 사채는 AAA 등급의 사채이며, 가장 불량한 사채는 D등급이 됩니다. 이 중에서 AAA, AA, A, BBB 등급은 원리금 상환능력이 안정적인 투자등급이고, BB, B, CCC, CC, C 등은 환경변화에 따라 크게 영향을 받는 투기등급입니다.

[사채의 등급]

등급	등급의 정의	
AAA	원리금 지급능력이 최상급임.	투자등급
AA	원리금 지급능력이 매우 우수하지만 AAA의 채권보다는 다소 열위임.	
A	원리금 지급능력은 우수하지만 상위등급보다 경제여건 및 환경악화에 따른 영향을 받기 쉬운 면이 있음.	
BBB	원리금 지급능력은 양호하지만 상위등급에 비해서 경제여건 및 환경악화에 따라 장래 원리금의 지급능력이 저하될 가능성을 내포하고 있음.	
BB	원리금 지급능력이 당장은 문제가 되지 않으나 장래 안전에 대해서는 단언할 수 없는 투기적인 요소를 내포하고 있음.	투기등급
B	원리금 지급능력이 결핍되어 투기적이며 불황시에 이자지급이 확실하지 않음.	
CCC	원리금 지급에 관하여 현재에도 불안요소가 있으며 채무불이행의 위험이 커 매우 투기적임.	
CC	상위등급에 비하여 불안요소가 더욱 큼.	
C	채무불이행의 위험성이 높고 원리금 상환능력이 없음.	
D	상환 불능상태임.	

그런데 사채발행회사는 사채의 발행가액을 액면가액과 동일하게, 또는 낮거나 높게 결정하여 사채를 발행합니다. 따라서 사채발행의 유형은 발행가액과 액면가액의 차이에 따라 액면발행, 할인발행, 할증발행 등으로 구분됩니다.

① 사채를 액면발행하는 경우

사채의 발행가액을 액면가액과 동일하게 결정하는 경우입니다. 이 경우는 사채발행 당시 시장이자율과 액면이자율이 동일합니다. 사채에 투자할 때의 수익률(액면이자율)이 사채와 동일한 위험을 가진 다른 증권에 투자할 때의 수익률(시장이자율)과 동일하다면, 어느 증권에 투자하든 무차별하기 때문에 투자자들은 액면가액으로 사채를 사게 되고, 사채발행회사는 액면가액으로 발행하게 됩니다.

② 사채를 할인발행하는 경우

사채의 발행가액을 액면가액보다 낮게 결정하는 경우입니다. 이 경우는 사채발행 당시 시장이자율이 액면이자율보다 높습니다. 사채발행 당시 시장이자율이 사채의 액면이자율보다 높은 경우, 투자자들이 액면가액으로 사채를 사지 않을 것입니다. 왜냐하면 사채에 투자할 때의 수익률(액면이자율)이 사채와 동일한 위험을 가진 다른 증권에 투자할 때의 수익률(시장이자율)보다 낮기 때문입니다. 따라서 사채발행회사는 사채의 투자수익률을 시장이자율만큼 높여 주기 위해 사채를 액면가액보다 낮은 가격으로 할인하여 발행하게 됩니다.

③ 사채를 할증발행하는 경우

사채의 발행가액을 액면가액보다 높게 결정하는 경우입니다. 이 경우는 사채발행 당시 시장이자율이 액면이자율보다 낮습니다. 사채발행 당시 시장이자율이 사채의 액면이자율보다 낮기 때문에 투자자들은 사채를 서로 사려고 경쟁을 하여 사채의 가격은 올라가게 됩니다. 따라서 사채발행회사는 액면가액보다 높은 가격으로 할증하여 발행하게 됩니다.

한편, 기업의 신용등급은 자금을 조달할 때뿐만 아니라 영업활동에서도 매우 중요한 영향을 미치기 때문에, 기업들은 기업의 신용등급을 올리기 위한 노력을 중시하고 있습니다. 다음에 예시하고 있는 엔씨소프트의 경우 게임시장의 높은 변동성에도 불구하고 우수한 게임 경쟁력과 높은 운영효율성을 기반으로 우수한 영업수익성을 시현하고 있다고 평가되며, 재무안전성 또한 우수한 것으로 나타나 신용등급 'AA−'를 부여받았습니다.

도표 10-1   사채발행의 유형

구 분	시장이자율과 액면이자율	발행가액과 액면가액
액면발행	시장이자율＝액면이자율	발행가액＝액면가액
할인발행	시장이자율＞액면이자율	발행가액＜액면가액
할증발행	시장이자율＜액면이자율	발행가액＞액면가액

금융사례   **첫 회사채 발행, 엔씨소프트**

첫 회사채 발행을 앞두고 있는 엔씨소프트가 신용등급 'AA−'를 부여받았다. 엔씨소프트는 이달 중 1,500억원 규모의 회사채 발행에 나설 예정이다. NICE신용평가와 한국신용평가는 4일 엔씨소프트의 제1회 무보증회사채 등급을 'AA−/안정적'으로 평가했다고 밝혔다.

신평사들은 게임시장의 높은 변동성에도 엔씨소프트가 우수한 게임 경쟁력과 높은 운영효율성을 기반으로 2014년까지 5개년 누적평균 EBIT마진 28.1%, EBITDA마진 32.6%의 매우 우수한 영업수익성을 시현하고 있다고 평가했다.

또 2015년 9월 말 기준으로 차입금이 없는 가운데 부채비율이 24.1%를 보이는 등 재무안정성을 갖췄고, 현금성자산(연결기준 7,530억원)과 부동산 등 기타 자산을 감안할 때 재무적 융통성도 매우 우수하다고 판단했다.

(E데일리 기사 편집)

제3절 사채를 발행할까? 주식을 발행할까?

    기업은 사채를 발행할 것인가 아니면 주식을 발행할 것인가를 결정할 때는 전반적인 경제상황, 법인세비용 절감효과, 자본구조 등을 종합적으로 분석한 후 회사의 이익을 극대화할 수 있는 유리한 자금조달 방법을 선택하여야 합니다.

    참고로 다음의 금융사례를 살펴보면, 2015년의 국내 회사의 주식발행 및 회사채 발행규모를 나타내 주고 있습니다. 2015년 기업의 직접금융 조달실적은 총 131조 1,143억원에 달합니다. 그 중에서 주식을 통한 자금조달은 8조 121억원이고, 회사채 발행을 통한 자금조달은 123조 1,022억원을 차지하고 있습니다.

금융사례   **대내외 불확실성으로 채권시장 약세, 회사채 발행 수요 감소**

    한국금융투자협회의 「2020년 11월 장외채권시장 동향」 발표에 의하면, 2020년 11월 국내 채권시장은 미국 대선 불확실성 증가, 코로나19 백신 개발 소식 및 코로나19 3차 대유행 우려, 한은의 성장률 전망 상향 등으로 변동성이 확대되면서 채권시장은 약세 마감하였다.

    채권 발행규모는 금융채, 지방채, 국채 발행이 증가하면서 전월대비 1.8조원 증가, 발행잔액은 국채, 금융채 등 순발행이 22.1조원 증가하면서 2,271.6조원을 기록하였지만, 회사채 발행 규모는 기업들의 발행 수요 감소 등으로 전월 대비 감소(△1.4조원)한 6.9조원으로 기록되었다.

(금융투자협회 발표자료 편집)

---

1. 사채와 주식은 어떻게 다른가?

사채나 주식의 발행을 통한 자금조달은 직접금융에 의한 자금조달이지만, 그 성격이 매우 다릅니다. 재무상태표에 사채는 부채로 표시되고 주식은 자본으로 표시되는 등 사채와 주식의 차이점들은 다음과 같습니다.

① 재무상태표에서의 분류

사채는 계약에 의하여 채권자에게 정기적으로 이자를 지급하고 만기에 액면가액을 상환해야 할 의무가 있기 때문에 재무상태표에서는 부채로 분류되지만, 주식은 상환의무가 없기 때문에 자본으로 분류됩니다.

② 만기 및 상환 여부

사채는 만기가 있기 때문에 만기에 원금을 상환하여야 하지만, 주식은 만기가 없기 때문에 상환의무가 없습니다.

③ 우선변제권

회사를 청산하는 경우에는 사채권자에게 우선 변제한 후에, 잔여재산을 주주에게 분배합니다. 즉, 사채권자에게는 우선변제권이 있지만 주주에게는 잔여재산분배청구권이 있습니다.

④ 이자 또는 배당 지급

사채를 소유한 채권자에게는 이익의 발생 여부에 관계없이 발행 당시의 정해진 조건에 따라 액면이자를 지급해야 하지만, 주주에게는 이익잉여금이 존재하는 경우 주주총회의 의결에 따라 배당금이 지급됩니다.

⑤ 경영참여 여부

사채를 소유한 채권자는 경영에 참여할 권리가 없지만, 주주는 주주총회에 참석하여 의결권을 행사함으로써 회사의 경영에 참여할 수 있습니다.

도표 10-2 　사채와 주식의 비교

구 분	사 채	주 식
회계상 분류	부채	자본
상환의무	만기에 원금 상환	상환의무 없음
청산 시 변제	주주에 우선하여 변제받음	사채변제 후 잔여재산 분배받음
이자 및 배당금 지급	일정 이자 지급	이익잉여금 발생 시 배당금 지급
소유자 지위	채권자	주주
경영 참여	경영 참여 권리 없음	주주총회에 참여하여 의결권 행사

2. 부채의 법인세 절감효과

기업이 부채로 자금을 조달하는 경우에는 정기적으로 이자를 지급하고 만기에는 원금을 상환하여야 합니다. 물론, 기업의 자금사정에 여유가 있고 경영성과가 좋은 경우에는 이자와 원금상환에 문제가 없습니다. 그러나 기업의 경영성과가 나빠지고 자금사정이 좋지 못한 경우에는 채무불이행으로 인한 부도가 발생할 수 있습니다. 이러한 부도가 걱정돼서 기업이 자기자본만 사용한다면, 이자를 지급하지도 않고 원금을 상환할 의무도 없습니다.

그러나 부채를 전혀 사용하지 않는다면, 부채의 법인세 절감효과를 얻을 수 없습니다. 부채를 사용하면 이자를 정기적으로 지급하게 됩니다. 그런데 이자는 비용이기 때문에 법인세를 감소시키는 효과가 있습니다. 그러나 배당은 이익잉여금을 줄이는 항목이며 비용이 아닙니다. 그러므로 배당금에는 법인세 절감효과가 없습니다. 간단한 사례를 들어 설명하면 다음과 같습니다.

(주)올레의 20×1년도 '법인세비용과 이자비용을 차감하기 전 순이익'이 1,000,000원입니다. 부채로만 자금을 조달한 경우의 이자비용이 400,000원이고 자기자본으로만 자금을 조달한 경우의 배당금도 동일하게 400,000원입니다. 법인세율이 30%라고 가정하고 두 가지 자본조달 방법에 의한 법인세 절감효과와 이익잉여금에 미치는 영향을 분석해 보시오.

위의 사례에서 보는 바와 같이 부채로만 자금을 조달한 경우 이자는 비용으로 인정됩니다. 그러므로 '법인세비용과 이자비용차감전순이익' 1,000,000원에서 이자비용 400,000원을 차감하면 '법인세비용차감전순이익'은 600,000원이 됩니다. 그리고 '법인세비용차감전순이익' 600,000원에서 법인세비용 180,000원을 차감하면 당기순이익은 420,000원이 됩니다. 배당은 전혀 없으므로 당기순이익 420,000원만큼 이익잉여금이 증가합니다.

그런데 자기자본으로만 자금을 조달한 경우 이자비용이 전혀 없으므로, '법인세비용과 이자비용차감전순이익'과 '법인세비용차감전순이익'은 동일하게 1,000,000원이 됩니다. 그리고 '법인세비용차감전순이익' 1,000,000원에서 법인세비용 300,000원을 차감하면 당기순이익은 700,000원입니다. 결국 당기순이익 700,000원에서 배당금 400,000원을 차감하면, 300,000원만큼 이익잉여금이 증가합니다.

도표 10-3 부채의 법인세 절감효과

구 분	부채로 자금조달	자본으로 자금조달
법인세비용과 이자비용차감전순이익	₩1,000,000	₩1,000,000
이자비용	(400,000)	0
법인세비용차감전순이익	600,000	1,000,000
법인세비용(30%)	(180,000)	(300,000)
당기순이익	420,000	700,000
배당금	0	(400,000)
차기이월이익잉여금증가액	420,000	300,000

여기에서 중요한 것은 이자비용과 배당금이 동일하게 400,000원이 지급되었지만, 부채로만 자금을 조달한 경우의 이익잉여금 증가액(420,000원)이 자기자본으로만 자금을 조달한 경우의 이익잉여금 증가액(300,000원)보다 크기 때문에 기존 주주에게 돌아가는 이익잉여금이 더 많다는 것입니다. 즉, 두 방법 간의 차기이월이익잉여금증가액 차이 120,000원은 이자비용의 법인세비용절감액 120,000원(400,000원×30%) 때문에 발생한다는 것을 알 수 있습니다.

01 다음의 사례는 (주)한화가 사채발행을 통하여 필요한 자금을 조달하려고 한다는
신문기사 내용입니다.

> ㈜한화가 올해 처음으로 공모 회사채 발행에 나선다. 1일 금융시장에 따르
> 면 한화는 3년 만기로 1천억원 규모의 공모사채를 내달 21일 발행할 예정이다.
> 조달한 자금은 오는 3월 20일 만기 도래하는 회사채 1천 200억원을 차환하는
> 데 사용할 것으로 추정된다. 한화의 이번 발행은 지난해 8월 차환용으로 3년물
> 1천억원을 발행하고 나서 반년 만의 일이다.
>
> 현재 한화의 장기채 신용등급은 'A0'이고 등급 전망은 '안정적(stable)'이다.
>
> (J일보 기사 편집)

▌물음

㈜한화가 사채발행을 통해 자금을 조달하고자 할 때 고려하여야 할 사항은 무엇인지
논의해 보시오.

02 부채를 통한 자금조달은 법인세 절감효과 등을 갖는 등 긍정적인 측면이 분명히
있지만, 과도한 부채는 개인과 기업 및 국가 전체에 상당한 위험요인이 될 수밖에
없습니다. 다음은 최근 우리나라의 가계부채 및 국가부채에 대한 논의 기사입니다.
아래 기사를 읽고 여러분 개인의 부채수준이 위험한지 검토해 보시기 바랍니다.

> 무디스가 실제 한국의 신용지표가 건전하고, 구조개혁을 계속 추진할 제도적
> 역량도 매우 뛰어나다는 점을 높게 평가했다.
>
> 무디스는 앞으로 한국이 국내총생산(GDP) 대비 0.5% 내외의 재정흑자를
> 이어가고, GDP 대비 정부부채비율도 40% 수준을 유지할 것으로 내다봤다.
> 지난해 순국제투자 잔액이 플러스(+)로 전환된 데 이어, GDP 대비 대외부채
> 도 30% 수준에 불과하고, 단기외채비중이 과거 50% 수준에서 30% 이하로
> 감소하는 등 대외건전성이 개선됐다고 평가했다. 예기치 못한 대내외 충격이
> 발생하더라도 한국이 대응할 수 있는 완충재를 확보하고 있다는 얘기다.

무디스는 한국이 향후 구조개혁을 실행하고 경제·재정 회복력을 제고할 수 있는 제도적인 역량을 보유하고 있다는 점도 상향조정 요인으로 꼽았다. 특히 공공연금 개혁 등 한국이 재정부문의 우발채무와 리스크요인 등을 적절히 관리하고 있다는 것도 무디스는 긍정적으로 평가했다.

하지만 긍정적인 평가만 내린 것은 아니다. 무디스는 GDP의 80%에 달하는 가계부채가 내년 경제성장에 장애 요소가 될 것으로 봤다. 또 장기적으로는 고령화가 우리나라 성장을 저해하고 재정 부담도 키울 수 있다고 우려했다.

실제 가계부채는 1,200조원에 육박할 정도로 눈덩이처럼 불어나 한국 경제를 위협할 또 다른 '뇌관'이 될 것으로 우려되고 있다. 전성인 홍익대 경제학과 교수는 "과거 IMF 이전에도 한국의 신용평가 등급은 역대 최고를 받았지만 순식간에 위기가 몰려왔다"면서 "경기 부양을 위해 가계부채를 빠른 속도로 키워놨기 때문에 대내외 경기가 악화되면 큰 위기로 돌아올 것"이라고 우려했다.

최 부총리도 이런 점을 의식해 무디스의 신용등급 상향을 치켜세우면서도 한편으로는 우리 경제에 '먹구름'이 몰려오고 있다고 우려했다. 최 부총리는 "대외건전성 측면에서 안정적인 평가를 받은 것은 그나마 다행스러운 일이라고 생각을 하지만, 먹구름이 한꺼번에 몰려왔을 때는 우리 경제가 예측하지 못할 상황에 빠질 수 있다"며 "구조개혁 입법화가 지연될 경우 대내적으로 경제 활성화를 저해할 뿐 아니라 대외적으로도 글로벌 불안이 확산되는 상황에서 국가신용도에 매우 큰 악영향을 미칠 우려가 있다"고 말했다.

(E데일리 기사 편집)

찾아보기

저자약력

정도진
중앙대학교 경영학부 교수

한형성
중앙대학교 다빈치교양대학 교수

박인선
중앙대학교 다빈치교양대학 교수

배수진
중앙대학교 다빈치교양대학 교수

김진태
중앙대학교 다빈치교양대학 교수

저자와의
협의 하에
인지 생략

앙트레프레너십 시대의 생활 속 회계

2011년	9월	7일	1판 1쇄	발행
2014년	3월	5일	2판 3쇄	발행
2016년	2월	25일	3판 1쇄	발행
2018년	2월	23일	4판 1쇄	발행
2021년	3월	10일	5판 1쇄	인쇄
2021년	3월	15일	5판 1쇄	발행

저 자 　정도진 · 한형성 · 박인선 · 배수진 · 김진태
발 행 　**중앙대학교 출판부**
　　　　서울특별시 동작구 흑석로 84
　　　　전화 : (02) 820-6137　FAX : (02) 822-5495
편집 및 인쇄/도서출판 오래
　　　　서울특별시 마포구 토정로 222 한국출판콘텐츠센터 406호
　　　　전화 : (02) 797-8786~7, 070-4109-9966　FAX : (02) 797-9911
　　　　E-mail : orebook@naver.com　블로그 : blog.naver.com/orebook

등 록 　제14호-1호(등록일 : 1977. 8. 31)
ISBN 　979-11-5829-199-0　93320
정 가 　15,000원

※ 잘못 만들어진 책은 바꿔 드립니다.